SICOLOGÍA DEL SIGLO XXI

VIVIR O SOBREVIVIR

GUILLERMO MACHADO

INTRODUCCIÓN

Confundimos felicidad con bien-tener. Seríamos felices si disfrutáramos la vida, pero la verdad es que solo sobrevivimos... en lugar de vivirla a plenitud y en unidad. Pasamos los días a la defensiva y con ansiedad, depresión y temores; sin embargo, *la experiencia de vivir* debe basarse en una confianza absoluta: sin quejas, preferencias o elecciones.

El ser humano trasciende lo material y -al despertar su consciencia- encuentra estados de amor, compasión, felicidad y autorrealización. A esta información no tuvimos acceso, ya sea por ignorancia o por seguir paradigmas evolucionistas, materialistas y cientificistas. Los descubrimientos científicos -y la tecnología- explican los problemas de salud; considerando a la espiritualidad como primordial y utilizando procesos de meditación como el *mindfulness* y la oración, provocando estados alterados de consciencia. Así se obtiene un equilibrio emocional y vivimos con mayor plenitud.

Esta es una guía práctica sobre el porqué y cómo vivir una vida plena sin ansiedades ni depresiones, en paz y en equilibrio interno, en armonía con lo que nos rodea; se ofrecen, además, prevenciones para corregir la forma inapropiada y autodestructiva que, habitualmente, nos desarrollamos y que promueve creencias y patrones de comportamiento nocivos a través de la educación, la desinformación o tergiversación de esta.

A través del tiempo se explicó cómo funciona *el psiquismo* o las causas del comportamiento. Aquí observaremos los aportes de dos modelos: por un lado el occidental, donde los conflictos humanos se deben a problemas de naturaleza ambiental, mental, física o química (en este modelo funcionan las ciencias humanas, incluyendo a la medicina); mientras que el antiguo, el oriental, pone énfasis en lo espiritual y energético.

El modelo médico, como las profesiones interrelacionadas a la salud física y mental, retoma e integra lo místico del oriente a un paradigma científico, basado en el desarrollo de la *física cuántica;* a partir del cual, se asume que la realidad no solo es lo que nuestros órganos sensoriales perciben, pues está demostrado que percibimos solo la mínima parte de la realidad; y la realidad misma no es cómo la percibimos, sino cómo la interpretamos.

El error estriba en estudiar la trilogía cuerpo-mente-espíritu en forma aislada e ignorar el lado espiritual, al asumir que no se puede estudiar estos fenómenos síquicos-espirituales en forma científica. Provocó que las ciencias humanas solo expliquen parcialmente patologías y problemas de salud e ignoremos, en algunos casos, el origen de las enfermedades.

Al poner énfasis en el yo físico, mental, orgánico y bioquímico nos alejamos y, en pocos casos, mejoramos las condiciones de salud debido a la falta de información, creencias y costumbres alimenticias, además de la ineficacia de controlar los procesos mentales y vivir en forma automática por el estrés causado en la sociedad de consumo -basada en el egoísmo- y las prácticas médicas (que utilizan fármacos, procedimientos químicos y otros programas supuestamente de apoyo a la salud mental y física, que enriquecen a las grandes industrias y laboratorios perjudicando, en forma masiva, la salud).

Las estadísticas hacen referencia a que el incremento del consumo de alimentos, producidos en forma masiva, de sustancias químicas tóxicas y drogas causa más perjuicio que beneficio. El sistema educativo y los diferentes enfoques en sicología, con algunas excepciones, tienen como objetivo principal adaptar al ser humano a un modelo de sociedad. Las estrategias y técnicas desarrolladas -hasta la actualidad- en las instituciones educativas, círculos familiares y profesionales de la salud solo lograron que nos adaptemos parcialmente descuidando totalmente el desarrollo y la evolución de la *consciencia humana.*

Tenemos que aprender a vivir disfrutando y no sobreviviendo con angustia y depresión; para eso, conozcamos algunas técnicas de meditación y procedimientos para lograr el éxito y el desarrollo personal. Analicemos cómo las creencias, formas de sentir y pensar perjudican la salud. ¿Cómo nos convertimos en *adictos a pensar?* y ¿cómo y por qué los recuerdos de la infancia y el ambiente familiar se convierten en condicionantes de enfermedades?

Los conceptos místicos y espirituales fueron completamente olvidados a despecho de no entender que -solamente aplicándolos- incrementaremos los niveles de energía, despertaremos la consciencia y evolucionaremos a niveles que permitan vivir en amor, con empatía y compasión. Describiremos, por tanto, los grandes aportes de la *física cuántica* y otros factores naturales, que incrementarán los *niveles de vibración energética* que, al saber manejarlos, propiciarán la mejora de la salud física y mental.

Esperamos que este libro ofrezca las pautas y prácticas suficientes para cambiar la forma de ver el mundo... y vivir de manera más armoniosa con la naturaleza y los que nos rodean, disminuyendo los niveles de agresividad e intolerancia -propias de nuestro tiempo- y dejar de vivir en piloto automático.

¿POR QUÉ Y CÓMO CORREGIR NUESTRO PH?

Para sentirnos fuertes y energéticos es necesario contar con el equilibrio adecuado de alcalinidad y acidez en nuestro organismo (pH). Según recientes estudios, deberíamos tener el pH ligeramente inclinado hacia la alcalinidad en lugar de ácido o totalmente equilibrado como creíamos inicialmente; de esta manera, preocupémonos más por reducir los excesos de ácidos en el organismo, pues el equilibrio del pH en el cuerpo es positivo para mantenernos saludables.

Muchos especialistas recomiendan -para alcalinizar la sangre- tomar simplemente un vaso con agua y media cucharadita de bicarbonato de sodio al día, evitando razonablemente el consumo de carnes, dulces y alcohol. Así, podemos mejorar nuestra salud en muy poco tiempo. Blánquez (2014), menciona algunas estrategias que trataremos de resumir y que nos ayudarán a alcalinizar el cuerpo.

El desayuno. Lamentablemente, en el mundo occidental el desayuno es la comida más ácida que se ingiere durante todo el día. La mayoría aprovecha este momento para ingerir más; claro que hay excepciones, pero que, finalmente, terminan de la misma forma a la hora del almuerzo, pues tiene las mismas características que el desayuno: mucha acidez.

Los alimentos que ingerimos con mayor frecuencia -en general- son ácidos: pan, mermelada, mantequilla, embutidos, salchichas, huevos fritos, tocino, tortillas, jugos de naranja (la mayoría son químicos), café con leche, etc. Se estima que -hasta un 85% de esos alimentos- son los que impiden que mejoremos el sistema orgánico hacia un estado alcalino. Si queremos cambiar la situación, al levantarnos tomemos un vaso con agua y limón o té de hierbas; así, las células se rehidratarán y responderán mejor después de descansar y dormir las horas necesarias y acostumbradas.

Pero el cuerpo también necesita energías, por eso hay que

darle otros alimentos que tengan proteínas ricas en fibras, avena o quinua con leche de almendras, soya o coco y, de ser posible, con muy poca o sin azúcar; y para asegurarnos que sea realmente alcalino, le añadimos unas semillas de chía. Estos productos son fáciles de encontrar en cualquier herboristería. Combinemos con crema de aguacate, batidos de verduras, espinacas, apio y algunas frutas. El pan debe ser integral sin gluten. Si usamos sal, tiene que ser marina, sin refinar, o del Himalaya.

Recordemos no abusar de los alimentos y, aunque sean beneficiosos o no, debemos ingerirlos pensando en la salud más que en nuestros gustos. En los desayunos evitar el azúcar blanco y, de preferencia, usar miel de abeja. También evitemos -en forma razonable- los productos lácteos, la levadura y la cafeína; principalmente, la ingesta de proteínas de origen animal (carne, leche y huevos).

La respiración. Otro factor importante para regular el pH es la oxigenación. Solo son necesarios pocos minutos (unos cinco o diez son suficientes para mejorarla). Es importante mantener el organismo sano y, por ello, la forma de respirar ayudará muchísimo; pero hay que saber hacerlo y practicarlo al menos unas tres veces al día. Un profesor recomendaba a sus estudiantes silbar el mayor tiempo posible; y cuando se le preguntó el por qué lo hacía, respondió: para que los pulmones se llenen de oxígeno y las células también. Algo completamente cierto y fácil de hacer. Encontraremos variaciones en el ejercicio de respiración. Lo importante es que le dediquemos un tiempo: inspiraremos un segundo para mantener el aire por cuatro segundos y exhalaremos durante dos. Incrementemos las cantidades en forma proporcional: si inhalamos cuatro, entonces retengamos hasta llegar a los dieciséis segundos. Si practicamos la respiración todos los días y por breves minutos (mañana, tarde y noche), nuestro nivel de alcalinidad mejorará significativamente. Recordemos que esta práctica beneficiará en la prevención de enfermedades físicas y del estrés.

La hidratación. El agua constituye el 75% del peso corporal y es esencial, pues una caída del 5% en los fluidos corporales causa una pérdida de hasta el 30% de la energía. El metabolismo podría, también, verse afectado con una deshidratación leve. La falta de agua altera las funciones de los órganos y de la mente pasando de un estado depresivo y de allí a una *bulimia* o problemas digestivos. El agua limpia las toxinas ácidas y provoca que el metabolismo aumente; además, que la sensación de sed se confunde con hambre e impulsa a ingerir más alimentos de la cuenta.

Los ácidos grasos. Existen estudios sobre los efectos en el organismo cuando hay deficiencia crónica en los ácidos grasos esenciales como el omega 3: problemas en la piel, bajo metabolismo, sistema inmune deficiente, aumento de peso, mala digestión, dificultad en la recuperación o curación de enfermedades y envejecimiento prematuro del cerebro. Estos ácidos grasos omega 3 (aceites) son esenciales para el cuerpo. Se trata de esa clase de nutrientes que no pueden ni deben fallar y que nos mantienen completamente sanos al ingerirlos con regular frecuencia.

Los masajes. Además de causarnos confort y relajación, el cuerpo se recupera gracias a ellos, toma fuerzas y libera las cargas que se acumulan diariamente; activan el organismo y los mecanismos para eliminar los ácidos almacenados en los músculos, por lo que -un buen masaje- también reducirá los niveles de estrés.

El azúcar. Existen azúcares que el cuerpo necesita, pero en su justa proporción; sin embargo, la mayoría de ellas, como la glucosa y la dextrosa o fructosa son enemigas del organismo, pues provocan daños irreparables y dan paso a enfermedades severas; por lo tanto, se recomienda eliminarlas de la dieta diaria. No es sencillo, ya que son como una droga y el cuerpo notará que algo raro ocurre y demandará su ingesta y aparecerán los antojos. Manejémoslos con frutas, que son dulces en forma natural

Algunos consejos especiales. Alimentémonos con cinco a siete porciones de productos verdes: verduras o frutas. Observemos cómo nos sentimos y qué efectos tienen en el organismo en las primeras dos semanas. Pensemos en cuánto verde ingerimos ayer, hoy y en esta semana; y comencemos a comparar con lo que hacíamos antes. "Nos dará una medida diaria del cambio que hacemos y servirá de motivación; y, al mismo tiempo, sentiremos que el estado de ánimo y energía corporal cambiarán. Y esto ocurre inmediatamente" (Mercola, 2015).

Recordemos que -mientras más plantas consumamos- mayor cantidad de *clorofila* tendrá el organismo. No renunciemos a los otros alimentos, pero enfoquémonos en lo "verde", pues es lo que proporcionará a la piel niveles altos de alcalinidad y, al mismo tiempo, beneficiará la salud en general.

La clorofila tiene un sinnúmero de beneficios: regenerará el cuerpo a nivel molecular y celular, limpiará el organismo, combatirá las infecciones, ayudará a sanar las heridas, mejorará el sistema circulatorio y el digestivo e inmunológico; aumentará el número de glóbulos rojos y, como consecuencia, el nivel de oxígeno en el cuerpo; también, descompondrá los cálculos de *oxalato de calcio* desechando el exceso de ácido. Si necesitamos una dosis especial, hagamos una dieta suplementaria con las *algas spirulina y chlorella* (Blánquez, 2014).

NUESTRA FRECUENCIA VIBRATORIA

La vibración es el movimiento interno que tiene cada ser o cuerpo y ocurre por la aceleración del electrón alrededor del átomo. Todo cuerpo lo contiene, desde el corpúsculo hasta la célula, los astros y universos, encontrándose en vibración constante; en especial la humana, la de las plantas, piedras y animales que son captadas a través del *aura* (campo electromagnético que rodea a cada ser y se compone de numerosas líneas de fuerzas; crece y decrece, emite y recibe ondas como todo lo que existe). La naturaleza de la sustancia del aura es la misma que la de la luz; es decir, a la vez corpuscular y ondulatoria. Su volumen es variable, así como su color.

El término *vibración* ya era conocido por las culturas antiguas, como la egipcia y la griega, en las que se dio a conocer a través del gran sabio y maestro Hermes Trimegistro en sus enseñanzas del *kybalion* sobre los siete principios de la verdad del universo; el tercer principio es el de vibración, que afirma: "Nada está inmóvil, pues todo se mueve y todo vibra" (Consulta espiritual, 2015). Este principio explica las diferencias entre las diversas manifestaciones de la materia, de las fuerzas, de la mente y aún del mismo espíritu, las que no son sino el resultado de los varios estados vibratorios. Desde el todo, que es el puro espíritu, hasta la más grosera forma de la materia, todo está en vibración.

En la actualidad el ser humano está en un estado de vibración de 35,000 átomos ciclo por segundo, que es su frecuencia vibratoria. Es la velocidad de rotación y amplitud del electrón alrededor del átomo (a mayor velocidad y amplitud del electrón alrededor del átomo, mayor frecuencia vibratoria; y viceversa). La menor frecuencia vibratoria se representa con el color negro y la mayor por el color blanco, que representa la máxima pureza o sea el estado del espíritu (*Resonancia, Schumann, 2015*).

Ayuno. Es un acto de purificación, donde no se ingiere alimentos, especialmente de sustancias sólidas, y se realiza voluntariamente por un determinado lapso. Permite que el organismo descanse de la función de digestión y actúe en las funciones de eliminación y desintoxicación, activando las capacidades de regeneración y renovación del organismo.

Es el método de purificación más natural y efectivo que se conoce. Los animales lo realizan cuando se sienten enfermos, pues se abstienen de comer hasta que se mejoran y la fuerza vital de la naturaleza les devuelve la salud; al ayunar a la naturaleza se le permite obrar en el cuerpo físico y los otros cuerpos, y se encarga de restablecer la armonía y el equilibrio orgánico. El ayuno limpia el cuerpo de podredumbre y lo mantiene sano eliminando lo indeseable, que fue acumulado en el cuerpo por medio de una alimentación inadecuada durante años; también, en el ayuno se elimina la *materia astral inferior* del hombre proveniente de la alimentación carnívora y del consumo de café, tabaco y alcohol. Seamos conscientes que un proceso de completa purificación del cuerpo lleva años, según el grado de envenenamiento al que lo expusiéramos.

La *medicina ayurveda* (que se practica en la India y por las enseñanzas que dejaron los Vedas hace miles de años) aconseja que se ayune un día a la semana para tener una buena salud. Asimismo, la mayoría de las religiones promueve ayunar y cada una lo practica y dispone de distintas formas y con propósitos diferentes, pero lo importante es hacerlo. En la iglesia cristiana y/o católica se ayuna antes de cualquier evento de carácter espiritual, por ejemplo: miércoles santo de ceniza, en la comunión y confirmación, etc.

En el islam se realiza ayuno un mes y se le conoce como *ramadán;* también el Nuevo y el Antiguo Testamento lo consideran como señal de humildad y penitencia ante Dios. En los mensajes la Virgen María lo aconseja como preparación para la segunda venida de Jesucristo. Los chamanes de las culturas indígenas lo utilizan -tanto para ellos como para sus adeptos- antes de un rito de iniciación sagrado o para la toma de algunas sustancias, como:

el yaghe, cactus, san pedro o ayahuasca.

Las reacciones que provoca el ayuno son fisiológicas y completamente normales. Ocurre que el organismo moviliza sus propias reservas de calorías para conseguir la energía que necesita; por lo tanto, ayunar voluntariamente no es pasar hambre, ya que desaparece el apetito. Y tampoco supone entrar en un estado de debilitamiento o desnutrición, pues esta situación solo se produce cuando no se dispone de reservas y tampoco se origina carencias de elementos esenciales, ya que el cuerpo las tiene.

Esta movilización de las reservas acumuladas permite una regeneración o limpieza interna; por eso, el ayuno tiene un *efecto depurativo* sobre el organismo. Además, al verse liberado del trabajo de la digestión, dispone de un aporte de energía extra que utiliza con mayor eficacia para otras funciones. El primer hecho constatado es que el organismo tiene reservas y éstas se acumulan en forma de glucosa, grasas o proteínas. Los propósitos del ayuno son muchos: salud, higiene, anímicos, sociales y espirituales; y cada uno de ellos no se separa del otro, pues van interrelacionados. Los principales son dos, que procedemos a explicar.

El propósito del ayuno en la parte espiritual. De hecho, el ayuno para efectos espirituales fue antiguamente el más usado; ahora, las medicinas alternativas y naturistas lo aconsejan y utilizan mucho, pues encuentran en él un método eficaz para la desintoxicación del organismo y para curar y mejorar un sinfín de enfermedades. El propósito del ayuno -en la parte espiritual- es sacar todo lo venenoso, podrido, las vibraciones astrales inferiores y energías negativas; y la fuerza vital de la naturaleza echará del cuerpo lo indeseable para que, teniendo un cuerpo sano y purificado, el ser exteriorice claridad y profundidad. El ayuno expulsa lo que no sirve y estorba y construye un nuevo templo con materiales nobles al espíritu para que viva en el cuerpo y se manifieste claramente.

El propósito del ayuno en la parte física. El abstenernos de consumir alimentos permite que el organismo descanse de la labor diaria de digestión, activando las capacidades de desintoxicación, eliminación y renovación; y, de esta manera, mejora la salud y ayuda al proceso de sobrellevar algunas enfermedades y de cura de otras.

Beneficios del ayuno físico. Ayuda al organismo a vencer las infecciones, elimina la materia astral inferior y vibraciones negativas, purifica los cuerpos sutiles, limpia el cuerpo, clarifica y fortifica la mente y los sentidos, saca los venenos del organismo por años de alimentación inadecuada, purifica la sangre y revitaliza el cuerpo por el ahorro de energía que se hace.

Se experimentan modificaciones hormonales que estimulan los mecanismos de desintoxicación hepática. Las variaciones en el nivel de acetona actúan sobre el cerebro produciendo sustancias que estimulan la capacidad curativa del cuerpo, activando eliminaciones en general y, en especial, de las materias morbosas del organismo.

Provee un reposo completo a los órganos vitales para la absorción de alimentos que se descomponen en los intestinos e intoxican después al organismo; vacía las vías digestivas y elimina las bacterias de putrefacción; permite a los órganos de eliminación la oportunidad de poner al día su trabajo y facilita la eliminación restableciendo la química fisiológica y las secreciones normales; rejunta las células y tejidos y regenera el cuerpo; permite la conservación de la energía y la canaliza de una forma adecuada; aumenta los poderes de la digestión y asimilación y mejora el funcionamiento general del cuerpo.

Beneficios del ayuno espiritual. Aumenta la voluntad -necesaria para los embates del apetito-, acrecienta la estabilidad sicológica y la autoconfianza, puesto que las cadenas que atan al espíritu con el cuerpo son más frágiles; es fácil conseguir el éxtasis y gozo espiritual, se consigue una visión interior más aguda y profunda, además que aumenta la devoción personal y la fe.

Se establece una comunicación directa con Dios, ya que se puede oír más fácil. Una llave al poder de Dios. Nos hace humildes. Es un tiempo propicio para entregarse a la meditación y la oración. Hace del hambre una virtud. Ayuda al despertar de la consciencia cósmica y canaliza la energía fácilmente, ya que es una etapa propicia para la sanación. Al estar limpio interiormente se realiza ejercicios de perdón. El ayuno es algo sobrenatural, porque desplazamos lo carnal para entrar en lo sobrenatural de Dios. Ayuda al dominio propio y nos pone en el lugar de sensibilidad al espíritu.

¿Cómo realizar el ayuno? Tener en cuenta que -para cualquier tipo de ayuno- es importante saber cómo iniciar y cómo terminar. Debe ser suave y paulatino; asimismo, hacerse con frutas o jugos. Si se prefiere -y es aconsejable- el día anterior, antes de hacerlo, ingerir productos lo más ligeros posible, preparando el cuerpo para el otro día; y en el habitual momento de la ingesta, tomar solo un jugo de alguna fruta, comerla o tomar solo agua; también, es importante no degustar nada después de las 10:00 p.m. para una mejor preparación, pero sí tomar agua; y entre más, mejor.

Si lo realizamos por primera vez, es importante que nos preparemos suprimiendo por semana una o dos comidas en el día y aumentaremos, poco a poco, con el fin que no se resienta el estómago hasta que lleguemos a suprimir el alimento por un día. Al inicio realicémoslo una vez por mes y, luego, cada veinte, quince, diez, etc. y -si lo preferimos y toleramos- una vez por semana.

Los ayunos prolongados son realizados en épocas de vacaciones, donde se le dedicará todo el tiempo; y para el trabajo espiritual en Semana Santa o antes, como previa preparación, pues es una época especial; al igual que el 25 de diciembre, donde ciertas energías cósmicas llegan al planeta y, al estar en estado de purificación, se canalizan y captan mejor.

El mejor ayuno es solo de agua, pero para muchos no es

aconsejable por cuestiones de salud; se sugiere, entonces, el de frutas o jugos de frutas, pero sin *endulzarlas* (o edulcorarlas, nosotros decidimos); a lo sumo, con un poco de miel (y se tendrá en cuenta que las frutas sean dulces y no ácidas, como: naranja, mandarina, limón, etc., pues resentirán innecesariamente al estómago).

El ayuno debe acompañarse con oración, contemplación, meditación o reflexión. Para obtener mejores resultados en la mañana, antes de iniciar el día, cuando recién nos levantamos, realicemos una oración donde ofrezcamos ese ayuno a la gloria de Dios (energía cósmica) y el bien nuestro, pidiendo protección para que no haya inconvenientes y todo salga bien. Nuevamente, cuando tomemos el primer vaso de agua lo ofreceremos a Dios para que lo recargue de luz y ese sea nuestro alimento; cerraremos los ojos y visualizaremos cómo la luz de Dios baja sobre el agua y lo llena; lo tomamos sintiendo cómo nos alimentamos de la energía cósmica (Dios).

Es aconsejable realizar este pedido y visualización en cada vaso que tomemos, sea que lo realizamos con frutas o algún zumo de ellas. También se hará en la noche, cuando se rompa el ayuno y lo que nos llevó a él.

El ayuno se puede romper al otro día; es mejor -o si no- por la noche y se consume algo ligero, como: caldos, jugos o alguna fruta. Al otro día, ingiriendo sólidos aumentaremos poco a poco. Cuando se realiza con frutas, se escoge una sola durante el día, consumiéndola en tres tiempos: en el desayuno un tanto y en el almuerzo un poco más de cantidad, pues es el momento más importante y es cuando el estómago está totalmente abierto; y en la comida, la misma cantidad del desayuno o un poco menos. (Consulta espiritual, 2015).

Alimentación. Debe ser sana y equilibrada, pues es el reflejo de lo que somos. Una buena salud requiere equilibrio entre la alcalinidad y la acidez de los alimentos y entre hidratos de carbono, proteínas y grasas. Tengamos especial atención a las calorías que consumimos y que ingerimos. También es esencial considerar la ingesta de vitaminas y minerales y cómo se afectan unos a otros, ya que algunos minerales impiden la absorción de ciertas vitaminas.

Coherencia. (Pensar, decir y actuar). Es natural pensar que la coherencia en el pensamiento, las palabras y los actos reflejan la coherencia mental de la persona. Un mínimo desorden en cualquiera de esos aspectos influirá negativamente en la estabilidad del ser.

Respiración. (Revitalización). Al respirar nos llenamos de oxígeno, que es nuestro sustento. Respirar lenta y profundamente es beneficioso -física, mental y espiritualmente-, porque aumenta la capacidad pulmonar y calma los pensamientos y el espíritu.

Oración. (Hablar con Dios). El sentido común impide creer en un Dios bárbaro, sentado en su nube. Sí que entendamos a Dios como el todo, lo universal y la naturaleza. Desgraciadamente, muchos son los que oran, egoístamente, pidiendo a Dios cosas negativas y, sabemos, no obtendrán el resultado esperado; si en cambio, enviamos amor en las oraciones, este llegará a su destino, ya que el universo fluye en el amor más puro. Orar es lo más sencillo que existe, porque cuando se habla con Dios, en realidad, hablamos con nosotros mismos y con nuestra propia esencia.

Meditación. (Escuchar a Dios). Meditar es el silencio del espíritu, la mente y el cuerpo. En realidad, prácticamente podríamos meditar en cualquier lugar y hora. Meditar no requiere un régimen de tiempo determinado, porque unas veces requeriremos diez minutos y otras, una hora. Lo importante es hallar la quietud que necesitamos.

ELEVAR LA FRECUENCIA VIBRATORIA

Existen razones por las cuales comemos, pero la verdadera es que lo hacemos para tomar energía de los alimentos; por lo tanto, concentrémonos en aquellos que den mayor vitalidad y energía. Los vegetales, las frutas y los granos son excelentes para el cuerpo, porque son de fácil digestión y brindan la energía que necesitamos. Por lo general, lo que tiene vida da más vida, por eso las ensaladas frescas y las frutas son las mejores.

Tenemos alimentos que tienen vibración baja, como las carnes y, dentro de estas, las rojas son las peores. El ingerir carne aumentará la parte primitiva del ser y estaremos propensos a enojarnos con facilidad y a ser agresivos. La naturaleza enseña que los animales más agresivos son los que comen carne de otros animales. Ellos poseen un intestino más corto que el humano y pueden desecharla rápidamente, antes de que se descomponga (Hay, 1992).

Cuando se come carne, por un periodo largo de tiempo no se siente hambre, porque el cuerpo hace un esfuerzo enorme para digerir y, lo peor, no se la elimina con rapidez y, entonces, nos llenamos de toxinas. Y entre los animales, la de cerdo es la de vibración más baja; por eso, evitémosla. Si acostumbramos a ingerir carne, es conveniente reducir su consumo gradualmente, porque, de lo contrario, produciríamos un gran desequilibrio en el cuerpo. Es verdad que hay quienes la consumieron toda su vida y son saludables, pero, seguramente, no desarrollaron un conocimiento metafísico o niveles elevados de espiritualidad. Recordemos que comenzamos a transitar un camino diferente en el que se requiere consciencia de lo que hacemos.

Si tenemos problemas de sobrepeso o, por el contrario, un poco menor al necesario, hagamos un esfuerzo para mejorarlo. Consultemos con un nutricionista, cambiemos los hábitos alimenticios y amemos nuestro cuerpo. No nos sometamos a dietas tortuosas, pues no es el camino ideal.

El proceso tiene que ser gradual y debe acompañarse de

otras sustancias que compensen la escasez de proteínas y, también, de un cambio de ideas que lo refuercen y faciliten. Para elevar la energía personal, además de estas recomendaciones, existen otras que ayudarán a conectarnos con el lado espiritual; de esta manera, experimentaremos las vibraciones más altas gracias a las cuales se producen los milagros: sincronicidad, felicidad, amor, compasión, etc.

La práctica del silencio. La práctica del silencio es muy poderosa y, a la vez, en estos días difícil de realizar. Consiste en permanecer el mayor tiempo posible en total silencio; es decir, no hablar, ni contestar el teléfono, evitar la televisión y leer libros, o escuchar música. De esta manera se logra el estado de contemplación, que eleva la energía a un nivel muy alto.

Lamentablemente, en nuestra cultura arraigamos el concepto de hacer algo y aprovechar el tiempo, que es valioso en sí mismo. La idea de "hacer" -*per se*- es valorada, y se reciben recompensas por ello; sin embargo, valiosa es realmente la idea de "ser" y es la clave de este ejercicio. El verdadero valor radica en que somos *seres* humanos y no *hacedores* humanos. No hay nada de malo que desarrollemos ciertas tareas y seamos personas productivas, pero encontremos el verdadero valor del ser, aun cuando no hagamos nada que la sociedad considere valioso (Lao Tse, 2015).

Practiquemos el silencio durante diez o quince minutos. Asegurémonos que nadie interrumpa ni moleste y hagámoslo en casa o en un parque. Los espacios de la naturaleza son más poderosos. Simplemente, contemplemos lo que sucede por dentro y por fuera. No es necesario que juzguemos ni que lleguemos a ninguna conclusión, pues este no es un ejercicio intelectual. Al principio el ego nos recordará el drama personal e intentará hacer mucho "ruido" para restarnos paz; sin embargo, si dejamos pasar los pensamientos con libertad, ese drama desaparecerá como disolviéndose en el aire.

Si tenemos la costumbre de rezar, agradezcamos -dentro

de los momentos de oración- al final con unos minutos de silencio. Cuando rezamos le estamos "hablando" a Dios y, cuando permanecemos en silencio, estaremos intentando "escuchar" su respuesta. Si solo rezamos, es un perfecto monólogo y de nada sirve que recemos con fervor -pidiendo la solución a un problema- si no escuchamos la respuesta.

En el universo todo es perfecto y necesario. Lo que sucede tiene un sentido y guarda una lección para nosotros. Hasta que no aprendamos, continuaremos lidiando con lo mismo; por eso, el silencio es importante. Cuando permanecemos así, la voz de Dios nos hablará o recibiremos en clave la solución a los conflictos que nos aquejan (Lao Tse, 2015).

La vibración de amor. El amor es la única fuerza del universo y es el nivel vibratorio más alto que alcanzamos. Gracias al amor nos movemos, nos relacionamos, nos sanamos y nos expandimos. Nosotros sentimos que existen varias clases de amor, por ejemplo, el que una madre siente por sus hijos, el que sienten los amantes, el de los amigos, etc. Sin embargo, el verdadero amor es especial y único; es incondicional, sin divisiones ni clasificaciones; es permanente y estable, sin causa (Vibración, 2014).

Creemos que amamos a alguien, porque nos brindamos a esa persona, pero, a la vez, le exigimos que haga lo mismo hacia nosotros. El verdadero amor es incondicional y solo le interesa darse y expandirse, pues no necesita nada a cambio. Al no estar en un nivel de perfección, nuestro ego entabla una negociación con la pareja para encontrar la supuesta felicidad.

En la mayoría de las relaciones amorosas encontramos un perfecto drama lleno de juegos, acusaciones e intrigas. Cada vez que hablamos de condiciones, obligaciones, estructuras y culpas estaremos lejos de vibrar con la alegría del verdadero amor. Si para sentirnos amados exigimos a la pareja que nos llame tantas veces al día y que nos diga ciertas palabras, además de cumplir ciertos horarios o formalidades, entonces estamos en camino directo a la infelicidad.

Tarde o temprano la persona no cumplirá con las exigencias o expectativas y la desilusión será inevitable. El drama, la culpa y la manipulación hacen que la vibración personal llegue a niveles muy bajos y lo único que se espera de ello es que se presenten problemas, dolores o desencantos. La solución es pedir ayuda al universo.

Cuando sintamos angustia, miedo, soledad o la tendencia de culpar a otro por nuestra infelicidad, recordaremos que "todo lo que ocurre por fuera es el reflejo de lo que pasa por dentro, por tanto, lo de afuera solo nos recuerda que tenemos algo que sanar por dentro". En ese momento solo basta con que abramos las manos, con las palmas hacia arriba y le demos permiso a Dios (energía cósmica, energía universal, creador o como sea más adecuado llamarlo) para producir la curación anhelada.

El amor es todo lo que existe. Este es un juego terapéutico que ayuda y se realiza entre dos o un grupo. Dos personas sentadas frente a frente y con los ojos cerrados, que luego cambiarán sus posiciones. Una se concentra durante dos o tres minutos en sus peores pensamientos y en sus problemas, miedos, depresiones, angustias, rencores, preocupaciones y demás; la otra, solo escucha y le envía -en forma mental y constante- el siguiente pensamiento: "El amor es todo lo que existe".

Recordemos que solamente el amor real tiene la vibración más alta del universo. Nada es más fuerte que el amor (Vibración, 2014). Siempre que estemos con alguien que cuente sus problemas y lo veamos muy afligido, mientras escuchamos, repitamos mentalmente: *"El amor es todo lo que existe"*. En poco tiempo perderá interés en su propio drama y hasta, quizás, después de unos momentos pregunte sobre lo que decía o hacía.

El color es necesario. Una manera de balancear *el aura* es a través de la visualización de colores. Cada color tiene una vibración determinada y eso restaura la energía ausente en nuestro ser. Realicemos este ejercicio, tanto sentados como acostados o en la posición que resulte más cómoda para el cuerpo. Requerirá cuatro o cinco minutos.

Comenzaremos cerrando los ojos y respirando profundamente tres o cuatro veces, luego pediremos al Yo superior (espíritu) que indique cuál es el color o los colores para el balance que le hace falta al "aura". Con el primer color que venga a la mente, procederemos a "bañarnos" y a cubrir el cuerpo físico, como si lo tiñéramos con ese tono. Si la mente informa de algún otro color, entonces repetiremos la operación. (Vibración, 2014).

Luego, volveremos a abrir los ojos. Con la visualización de colores la emoción o el pensamiento negativo desaparecen instantáneamente. Este ejercicio es muy efectivo para todos, aunque existen algunos que no visualizan una imagen determinada, sin embargo, será fácil visualizar el arco iris.

Esta actividad también es útil para ayudar a otros. Cuando entremos en contacto personal o telefónico con alguien afligido por algún problema, concentrémonos unos instantes preguntando al Yo superior cuál es el color que necesita para equilibrar su aura. Una vez que determinamos el que necesita, nos concentramos en ese color y se lo enviaremos a través de nuestro plexo solar. Imaginémonos que un haz de luz de color sale del estómago y lo cubre al otro. Es probable que necesite más de un color y nuestra propia consciencia lo revelará.

Los colores que vienen a la mente tienen un significado: el violeta significa sanación, especialmente del cuerpo físico; el azul se refiere al mejoramiento de las relaciones entre personas, al igual que el celeste; el verde restaura la alegría, la esperanza y el optimismo; el amarillo activa y mejora el funcionamiento mental; el anaranjado es el de la sabiduría y aporta más conocimiento; el rojo eleva las energías físicas y aumenta el coraje; el rosado aumenta el placer y resuelve problemas amorosos; el marrón ayuda a aliviar la preocupación por problemas materiales; el blanco es la suma de todos los colores, ya que cuando lo percibimos es porque nos hace falta de todo un poco. Los colores más sublimes son el dorado y el plateado: ellos indican la apertura a niveles mayores de consciencia, sentimientos sublimes y puros, pues son colores de santidad.

La respiración. La medicina china diferencia entre la energía de la comida y la del aire, atribuyéndole un importante papel a la respiración. En base a esto cuando realizamos *Chi Kung/Qigong* no solamente purificamos nuestro sistema, sino también lo alimentamos fortaleciendo el cuerpo haciéndolo energético, activo y sano. La respiración, al igual que la comida, es una fuente de energía (Chi), siendo fundamental para moverla en las partes del cuerpo. Los recursos que tenemos a disposición para controlarla son el cuerpo, la respiración y la mente.

Una **buena respiración** es necesaria para gozar de buena salud, ya que las reacciones metabólicas que tienen lugar en el cuerpo necesitan oxígeno. Fisiológicamente, la forma adecuada de respirar es utilizando el músculo diafragmático para asegurar una correcta oxigenación y eliminación del dióxido de carbono. Nuestra respiración -normalmente- no es completa, sino de predominio torácico, rápida, arrítmica y dominando la inspiración sobre la expiración. La respiración del *Chi Kung*, sin embargo, al ser más completa, profunda, lenta y rítmica repercute en el organismo favoreciendo la salud.

El ritmo y frecuencia de la respiración están íntimamente ligados a los procesos mentales y emocionales; así, por ejemplo, el miedo la inhibe y bloquea; la ansiedad la acelera; la tristeza la ralentiza; el estrés la entrecorta y el cansancio físico la refuerza. Por el contrario, respirar profundo, lento y rítmicamente durante unos minutos contrarrestará el descontrol emocional o la falta de concentración mental. Las emociones intensas y las prisas, así como el ejercicio insuficiente, la vida sedentaria y las posturas incorrectas provocan tensiones musculares en cara, lengua, pecho o vientre; lo que puede ocasionar una respiración incorrecta.

La inspiración es *tonificante*, pues estimula el sistema nervioso simpático de activación. La espiración es *relajante*, ya que activa el sistema parasimpático de descanso. Lo comprobamos cuando la inspiración aumenta la frecuencia de los latidos cardiacos y con la espiración disminuyen. La respiración es la única función del sistema nervioso autónomo que puede ser controlada y regulada por la consciencia; por lo tanto, funciona como vínculo entre la dimensión síquica y física del ser humano y es un puente de conexión formidable entre la mente y el cuerpo.

Cuando transformamos esta función vital e inconsciente, en consciente y voluntaria, desarrollamos un sentido de vivir, *aquí y ahora*; no antes ni tampoco después, sino en el más absoluto instante y en la genuina inmediatez; lo que aporta una gran satisfacción, en tanto nos damos cuenta de que vivimos el presente y que saboreamos la plenitud y la riqueza del momento (Lao Tse, 2015).

El ciclo de inspiración y espiración enseña a recibir y a dar, porque respiramos el mismo aire que respiran los animales, las plantas y los seres humanos de este planeta. La respiración nos comunica los unos con los otros, nos vincula con todos y con todo para sentirnos, finalmente, en comunión con el universo. La experiencia de respirar de manera consciente enseña que cada momento es completo y único.

Cada uno de los patrones de respiración es el resultado de un estado de ánimo a nivel sicosomático, por lo que las emociones consiguen desequilibrar la respiración y los ritmos vitales, sin embargo, desde la perspectiva somato-síquica la persona reacciona y responde reajustando y controlando voluntariamente la respiración. El resultado es la recuperación del equilibrio emocional, que proporciona calma y sosiego. El estrés se origina por la falta de oxígeno identificado por las estructuras internas que avisan al cerebro. Empezamos la vida con una inspiración estresante y la terminamos con una espiración; la vida parece que fuera un soplo y depende de nosotros para darle su merecido valor.

La respiración Yang. La respiración Yang vigoriza y refuerza el espíritu (Shen); entre otras cosas estimula, da fuerza y calor. Para obtener los mejores resultados, al menos al comienzo, debería practicarse parado o sentado con la columna vertical recta y los brazos relajados a ambos lados del cuerpo; y si estamos sentados, ambas manos estarán apoyadas sobre los muslos con las palmas hacia arriba. Esta respiración debe realizarse con la zona abdominal, evitando en lo posible que se convierta en respiración torácica y, aún menos, en respiración clavicular.

Es conveniente habernos familiarizado con la respiración integral. Como se señaló en otros tipos de respiración, con la práctica los tiempos de inhalación, exhalación, retención de aire o apnea se acompasarán a los latidos del corazón y sentiremos sus pulsaciones. Mientras no lo sintamos, contemos aproximándonos a los tiempos de reloj.

Para la respiración "Yang" la inhalación es corta, rápida y seca; la retención del aire en los pulmones también es corta, sin llegar a forzar este estado; la exhalación es lenta, suave y sostenida y el tiempo de *apnea* (sin aire en los pulmones) es mínimo. Un ejemplo recomendado para cada etapa sería: cinco tiempos para inhalar, tres para retener el aire en los pulmones, veinte para exhalar y tres de apnea. Este método de respiración solo debe practicarse por breves momentos y nunca forzar ni continuar el ejercicio si el cuerpo avisa que es suficiente. Esta respiración no es recomendable para hipertensos o personas propensas a estados de ansiedad e ira.

Todos los *mantras* son sencillos, pero solo tienen efectos verdaderos cuando se practican en estado de consciencia especial en donde la mente habitual está en silencio y estamos como absortos en la nada y -seamos o no conscientes de ello- conectados con "eso" que algunos llaman espíritu, universo, consciencia universal, Tao, Dios o como cada quien lo haya incorporado a su experiencia o conocimientos y tradiciones (Mantras, 2015). Sentados y con los antebrazos apoyados sobre los muslos, pondremos la palma de la mano derecha sobre la palma de la mano izquierda, vueltas hacia arriba; se tocarán los pulgares con una presión que no debe ser ni mucha ni poca.

EL PODER DEL AGUA

Existen estudios científicos sobre cómo afectan, física y biológicamente, los estímulos externos sobre el agua. Uno de los experimentos más importantes lo realizó el Dr. **Masaru Emoto,** científico japonés, quien nació en Yokohama, Japón. Actualmente es doctor diplomado y licenciado en medicina alternativa por la Universidad Internacional Abierta. Él analizó el agua corriente en Tokio, Osaka y, también, en Londres, París, Nueva York, Vancouver, Buenos Aires y Manaos. A través del método de resonancia magnética efectuó miles de fotografías sobre muestras de aguas de manantiales, subterráneas, ríos, lagos, pantanos y hielo de la Antártida.

M. Emoto (1994) llevó a cabo uno de los experimentos más importantes al tomar muestras de una fuente de agua pura en Japón: congeló unas cuantas gotas, las examinó bajo un microscopio electrónico y las fotografió. Las fotografías mostraron hermosos hexágonos cristalinos parecidos a copos de nieve; luego, del agua de un río contaminado, hizo lo propio y comprobó que la imagen que aparecía no era un hermoso hexágono, sino una forma desestructurada. Concluyó que el agua, en efecto, es sensible al entorno donde se halla.

Realizó diversos experimentos con características diferentes de agua; por ejemplo, luego de ser bendecida por un monje Zen fue expuesta a diversas emociones, como el amor y el odio. Los resultados mostraron diferencias notables. El agua destilada, asociada a música clásica, tomó formas delicadas y simétricas; y cuando fue estimulada con música, palabras, pensamientos o emociones negativas no formó cristales; por el contrario, estructuras caóticas y fragmentadas. Una de sus conclusiones es que existe una alta correlación entre la música *heavy metal* y la disminución de la capacidad cognitiva (Emoto, 2006).

Cuando el agua fue tratada con aceites florales aromáticos, los cristales tendieron a imitar la forma de la flora original. Otra conclusión es que el agua no solo recoge información, sino que también es sensible a los sentimientos y a la consciencia. Esa averiguación se hace visible al cristalizarse, pues se deforma ante cualquier mensaje, voz, sentimiento o música que se trasmita en el entorno modificando su estructura molecular. Nos encontramos ante un gran descubrimiento, pues más del 70% del cuerpo humano es agua. El Dr. Emoto descubrió que los estados sicológicos del ser humano alteran radicalmente la estructura molecular del agua y del cuerpo físico y, según estos resultados, podemos deducir que las enfermedades pueden ser causadas por nuestros propios factores sicológicos.

Propiedades terapéuticas del agua. Es sabido que el agua es un medicamento por excelencia y no solo nos referimos al consumo corriente de aguas minerales naturales o a su uso en balneoterapia o a las propiedades del agua del mar, tanto ingerida como en baños terapéuticos. Sus propiedades terapéuticas van más allá, pues el agua se puede activar, energizar, dinamizar, oxigenar, ozonizar, mesmerizar, solarizar, sonorizar, ionizar, imantar, polarizar, magnetizar, etc.; es decir, un mundo de increíbles posibilidades terapéuticas, que apenas se conoce.

La deshidratación crónica es la raíz de la mayor parte de las enfermedades degenerativas del cuerpo humano. Y la tragedia más grande de la historia de la medicina es que los médicos no entendieron, y sigan sin entender, la diversidad de señales que emite un cuerpo cuando, simplemente, reclama agua. De esta forma -tan contundente- se expresa el médico de origen iraní Feydoom Batmanghelidj en su libro: "Su cuerpo reclama agua llorando a gritos". Para él, el descubrimiento médico más importante que realizó el hombre es darse cuenta de que, para un gran número de enfermedades, el agua es la mejor medicina natural.

Basta para entenderlo y constatar que las funciones del organismo dependen del flujo del agua en el cuerpo hasta que los médicos consideren un cuerpo enfermo; sin embargo, para

Batmanghelidj, en muchas ocasiones, es un "cuerpo sediento" al que se le devuelve la salud dándole simplemente la cantidad de agua adecuada.

La medicina más barata. El agua de buena calidad biológica es la medicina preventiva más barata que se conoce, así lo demuestran no solo los buenos resultados que se obtienen cuando se utiliza como remedio terapéutico, sino, también, la constatación de que su escasez produce -con el tiempo- un buen número de las enfermedades que conocemos. De hecho, según la Organización Mundial de la Salud, cada día mueren más de 300,000 personas en el mundo a causa de enfermedades hídricas y -en los países en vías de desarrollo- el 80% de las enfermedades que asolan la población se deben a la carencia o a la contaminación del agua.

Dicho de una manera contundente y muy clara: cada vez son más los expertos que aseguran que bastaría con beber una cantidad suficiente de agua al día para evitar la aparición de enfermedades, incluidas las degenerativas. El agua nos mantiene sanos. Eso sí, no confundamos agua con líquidos. El cuerpo humano necesita un mínimo de dos litros de agua al día y el alcohol, el té, el café o las bebidas refrescantes son líquidos, pero no agua; por lo tanto, es recomendable que bebamos agua y los otros líquidos queden aparte.

Ignorancia médica. Batmanghelidj explica que algo -en apariencia tan simple- como ignorar los múltiples papeles químicos que desempeña el agua en el cuerpo humano y desconocer la pérdida de algunas funciones orgánicas es el error más esencial cometido por muchos médicos. Un error que, además, desvía el foco de atención de la investigación en medicina e impide que los profesionales de la salud aconsejen a sus pacientes medidas preventivas y curas fisiológicas simples para enfermedades graves.

De ahí que, junto a un grupo cada vez más numeroso de médicos, científicos e investigadores, se plantee una nueva verdad científica, un paradigma simple pero real y poco entendido: que el agua es imprescindible para regular las funciones del cuerpo y, por consiguiente -para que funcione correctamente- es fundamental que llegue al organismo siempre en cantidad suficiente y en el momento necesario, especialmente a los órganos vitales, como: cerebro, corazón, pulmones, hígado, páncreas y riñones (Batmanghelidj, 2015).

Por eso, cuando no es así, el cuerpo pone en marcha una serie de sofisticados indicadores para hacernos saber que la necesitamos. Uno de ellos es provocar la sensación de sed, pero sucede a menudo que no reconocemos esa petición o no la atendemos o saciamos con una bebida refrescante. De hecho, el último indicador, el más evidente y el único que reconocemos es la boca seca.

Esta señal es el último signo de una deshidratación externa, solo que no siempre es útil, porque el cuerpo sufre deshidratación aun cuando la boca esté húmeda. Casi siempre es difícil entender los mensajes del cuerpo cuando pide agua (no café, té o bebida gaseosa). Para evitar daños mayores en el organismo seamos conscientes de la cantidad de agua que ingerimos. A fin de cuentas, la deshidratación prolongada por no atender las señales que emite el cuerpo con el tiempo causa daños irreversibles.

Y lo malo radica en que esa falta de agua es tratada, por la mayoría de los médicos, atendiendo a los síntomas que provoca con lo que, en función de estos, etiquetan al paciente como enfermo de una patología u otra, y lo tratan con los fármacos tradicionales recomendados en tales casos.

Existe una ignorancia médica básica que confunde, muy a menudo, una simple deshidratación con varias patologías. Error de base y principal causa del alto costo actual del sistema sanitario, así como la cronicidad de dolencias que en forma sencilla y rápida se curarían con agua. Los médicos, denuncia Batmanghelidij, han silenciado las diferentes señales de escasez de agua con productos químicos, lo que es algo perjudicial para las células del cuerpo (Batmanghelidj, 2015).

Por ejemplo, el agua es el mejor diurético natural, pero los médicos recetan diuréticos. Tratan de forma negligente a sus pacientes, porque los medicamentos dañan los riñones y, en último extremo, el corazón. Recomendando agua en dosis controladas y suficientes conseguirán lo mismo en forma más barata y sin efectos secundarios. Batmanghelidj asegura, en suma, que buena parte de las enfermedades que hoy se diagnostican no son en realidad tales, sino síntomas de un cuerpo deshidratado que, sencillamente, tiene sed y pide agua.

Agua y solo agua. Asimismo, remarca que la creencia de que el té, café, el alcohol o las bebidas refrescantes son sustitutos válidos del agua constituye un error fundamental que tiene graves consecuencias, porque es verdad que tales bebidas contienen agua, pero también contienen agentes deshidratantes que no solo la eliminan una vez ingerida, sino que -además- acaban con las reservas de agua del cuerpo, dada su fuerte acción diurética.
Es más, el uso constante de estas bebidas -que en la mayoría de los casos contienen sustancias excitantes- priva al cuerpo de su plena capacidad para formar energía hidroeléctrica; por ejemplo, el exceso de cafeína disminuye la capacidad de atención y contribuye a la aparición del síndrome de fatiga crónica, así como a un cansancio adicional del músculo del corazón por la excesiva estimulación que provoca. Asimismo, los estimulantes naturales del café (y otro tanto ocurre con el té), porque sobreexcitan el sistema nervioso central; por consiguiente, es importante prestar atención a la cantidad y calidad de lo que se ingiere, así como de lo que se bebe.

A este respecto, el doctor Batmanghelidj sentencia que -igual que tenemos dolor de hambre- también tenemos "dolor de sed" y, en este caso, el agua es la única sustancia efectiva para aportar alivio. En esas situaciones lo que quiere el cuerpo, y lo que pide, es agua y solo agua. La importancia del agua para la vida la conoce el hombre desde sus primeros pasos; por eso, se preocupa de tenerla a su alcance. Y también, desde tiempos inmemoriales, entendió que se tratan diversas dolencias con agua; es más, los antepasados sabían, incluso, algo que solo recientemente encontró la ciencia: el agua es capaz de almacenar cualquier información que la impregne, por sutil que esta sea.

Se resalta una sorprendente capacidad -que lleva a los científicos M. Emoto y Peter Gross- a hablar de la "memoria del agua". Pues bien, precisamente esta facultad del agua para almacenar información es la que permite al hombre intervenir en su estructura molecular con todo tipo de energías (sonoras, luminosas, eléctrica, etc.) y obtener "aguas tratadas", que se utilizan como remedio terapéutico o coadyuvante en el tratamiento de diversas dolencias. Las posibilidades terapéuticas posibles con agua son numerosas. Felicísimo Ramos, catedrático y doctor en Ciencias Químicas y Ciencias Físicas, recoge algunas en su libro: "El agua magnetizada". A ellas añadimos otras posibilidades que completan un panorama realmente sorprendente.

El agua del mar. Cabe añadir que antes que Batmanghelidj, Ramos o Gross hubo investigadores que hablaron de la trascendencia del agua para la vida. Es el caso del francés Rene Quinton quien, a finales del siglo XIX, lo fundamentaba en el hecho de que todo lo que está vivo en el planeta, desde la savia de las plantas a los torrentes sanguíneos de las especies, procede y está constituido de ella y más concretamente del agua de mar; por eso, estudiarla a fondo se convirtió en su obsesión. Demostró que podían curarse numerosas enfermedades con agua de mar, ya sea bañándose en ella, ingiriéndola en pequeñas dosis e, incluso, sustituyendo el plasma sanguíneo humano por agua marina debidamente tratada.

Hoy, el agua de mar purificada, extraída de grandes profundidades y bautizada como plasma de Quinton (en honor suyo por descubrirlo), mejora y, muchas veces, cura los síntomas de patologías dispares como las afecciones de la piel: incluida la soriasis, la desnutrición, el asma, los problemas de próstata, la artritis, la osteoporosis, la bronquitis, la gingivitis, los problemas gastro-intestinales, el desequilibrio del sistema nervioso central e inmune, la obesidad, el cansancio crónico, la sinusitis, la anorexia y el estrés, entre otras dolencias. En España solo está autorizado el uso como complemento dietético, a pesar de que -durante décadas- se demostró sus propiedades terapéuticas; incluso, en casos de cáncer y SIDA.

El oro azul. Muchos consideran al agua como "el oro azul". 2,500 años antes de Cristo, Tales de Mileto la definió como: "el principio de todo lo que existe". Es más, el ganador del Premio Nobel de Medicina en 1912, el Doctor Alexis Carrol, relaciona el agua a la inmortalidad, cuando dice: *"La célula es inmortal. Es realmente el fluido en el que flota, básicamente agua, lo que degenera. Renovando este fluido a intervalos, proporcionaríamos a las células lo que necesitan para su alimentación y -hasta donde nosotros conocemos- el pulso de la vida continuará para siempre"* (Hidroterapia, 2013).

¿Cuándo beber agua? Según los expertos, los mejores momentos para beber agua son tres: primero, al momento de levantarse de la cama por las mañanas (uno o dos vasos de agua de 200 ml); segundo, media hora antes del almuerzo y de la cena (un vaso); y tercero, dos horas y media después de las mismas (otro vaso de 200 ml). Asimismo, se recomienda tomar entre dos o tres vasos más a lo largo del día. Tal es la cantidad mínima que necesita el organismo cada día. Recordemos que *la deshidratación* es el principal factor estresante de toda materia viva.

¿Cómo saber si estamos deshidratados? Así ocurre siempre que la boca se seque. Fijémonos, además, en el color de la orina; pues debe ser incolora o ligeramente amarilla y, si empieza a volverse oscura, es que el cuerpo está deshidratándose. El color oscuro significa que los riñones trabajan con poca agua y la orina está saturada de desechos.

La memoria del agua. Cuando bebemos agua de un manantial o de un pozo, ingerimos agua pura y viva, que en ese estado natural presenta una estructura estable y ordenada, compuesta por dos moléculas de hidrógeno y una de oxígeno; pero, además de esa estructura molecular tan simple, cada vez más científicos afirman que el agua pura posee una especie de archivo de datos, que es una memoria que le permite almacenar las informaciones y energías obtenidas en forma de vibraciones moleculares que absorbió de las sustancias con las que estuvo en contacto. Según estos expertos, entre ellos Peter Gross, el agua posee una especie de memoria que le permite almacenar informaciones, tanto nocivas como terapéuticas, y trasmitirlas a otros organismos biológicos, incluidos los seres humanos, en forma de frecuencia electromagnética.

Beber agua en botellas de plástico. El veneno que suelta el plástico con el calor se llama *antimonio* y se denuncia hace tiempo. Si dejamos las botellas de plástico con agua en el auto o en un lugar caluroso, como un almacén o garaje, y luego bebemos el agua después de que se recaliente, corremos el riesgo de desarrollar diversos tipos de cáncer y otros malestares. Los investigadores explican que el calor hace que el plástico emita cierto residuo químico tóxico, que produce enfermedades.

Este tóxico es el mismo que se encontró en los tejidos de senos con cáncer. La recomendación es no tomar el agua en botellas de plástico que se calientan con el sol o calor; y eso les pasa, general y principalmente, a las mujeres. Tampoco calentar en el microondas alimentos en recipientes de plástico o desechables; es recomendable hacerlo en los de cerámica o vidrio que soporte calor.

APRENDAMOS A DISFRUTAR LA VIDA

La cuestión pregunta clave es: si no nos queremos nosotros mismos, ¿quién lo hará? Partamos por casa y olvidemos el castigo emocional hacia nosotros mismos. Aceptémonos completamente. Mencionaremos algunos principios para continuar imperfectos, pero felices.

No nos comparemos. La gran mayoría vivimos comparándonos y midiéndonos con otros, pero eso solo llevará a perder tiempo y, peor aún, nuestra esencia; es decir, nos dejamos de lado y, por lo tanto, no avanzamos. Para ser felices es recomendable *competir con uno mismo* y solo en la medida que nos sintamos bien.

Atrevámonos a dudar. Muchos aceptan que la verdad de las cosas viene de antemano y que, hagamos lo que hagamos, ya está determinado el final. La clave estaría en arriesgarse y probar diferentes caminos u opciones. Las personas -por más seguras que sean- siempre tendrán dudas, so pena de devenir irracionales; por eso, tengamos inquietudes innovadoras y motivadoras, que inspiren a nuevas respuestas. ¡Cuestionémonos todo! (Narvaja, 2016).

No busquemos ser el mejor. No estemos en el primer lugar a costa del sufrimiento inservible. La clave es disfrutar lo que hacemos hasta sentirnos realizados con nuestro desempeño. Todo lo demás es una obsesión sin sentido, dado que la perfección no existe y no podemos ni debemos desvivirnos por un fin irracional. Cuando disfrutamos lo que hacemos, nos sentimos sin angustia y hasta pagaríamos por seguir haciéndolo.

Tengamos autoestima. A veces olvidamos que el orgullo es saludable. Tendemos a disminuirnos y omitir que somos capaces, pero eso solo genera desgaste en el alma; por eso, es recomendable no quitarnos la *autoestima,* porque, no habría otra forma de saber cuánto progresamos. Cada conquista personal que no se aprecie, es como no respetar la esencia de uno mismo.

Liberémonos de la culpa. La educación, los miedos y las inseguridades nos llevaron a ver los cargos de conciencia como algo bueno; sin embargo, tenemos que diferenciar entre culpa y responsabilidad. Solo la última es la verdadera salida, pues permite superar los errores y avanzar; pero la autoafirmación reiterada y masoquista: "has hecho algo malo", puede transformarnos en malas personas.

No nos obsesionemos por el futuro. Nos encanta tener el control, incluyendo el futuro. Enfoquémonos en tener preocupaciones productivas basadas en hechos objetivos y no en ideas abstractas o poco probables, pues solo genera desgaste físico y emocional. Detengámonos y evaluemos nuestras metas.

Digamos no al qué dirán. Es imposible agradar a todo el mundo. No tiene sentido perder el tiempo intentando gustar a todos. Perdamos el miedo exagerado a la desaprobación social y, para esto, diferenciemos lo que íntimamente queremos alcanzar al margen de la necesidad de la aprobación externa.

NADA ES PERSONAL

Pasamos, la mayor parte del tiempo, sintiéndonos ofendidos por lo que alguien dijo, hizo, dejó de hacer o pensó de nosotros; y no tenemos por qué influenciarnos por lo que sucede alrededor como algo personal o como algo propio, ya que en el fondo es difícil encontrar a alguien que, realmente, nos ofenda gratuitamente.

Nosotros permitimos regalarnos todas y cada una de las palabras, acciones, pensamientos y sentimientos de los demás, a los que dimos esa facultad. Lo consentimos al tomar las cosas en forma personal. A veces pensamos que ellos cambiaron y es falso, pues siguen siendo los mismos. Les otorgamos un valor agregado y, cuando actúan de forma inesperada, los culpamos por no llenar nuestras expectativas; la generamos a través de la mente, el ego y la personalidad, y las subimos y las ponemos en una escala especial de donde más tarde caerán.

¿Es el incumplimiento de lo que esperábamos lo que nos hiere? Es el ego (vanidad) el que se siente herido y es la mente la que causa tristeza. Sin darnos cuenta, esperamos la dosis diaria de *victimismo* y eso nos hace sentir como personas que nadie quiere, como que entrega y no recibe nada, como un incomprendido y olvidado de todos. Es lo que el ego quiere sentir, sobre todo cuando tenemos el patrón inconsciente de demostrar victimismo, pues, conscientemente, hasta peleamos por atención, cariño y amor (Siliceo, 2013).

Casi siempre estamos a la expectativa de que los familiares o seres queridos nos abandonen. Mantenemos una angustia permanente para que no nos dejen y, por supuesto, tenemos miedo y sufrimos por ello; por ejemplo, si esperamos que nuestra pareja reaccione de tal y cual forma, y no lo hizo, entonces en realidad no hicieron nada. Es la diferencia entre el ritmo y frecuencia de las atenciones que esperábamos tuviera y las que realmente tuvo, la que nos hiere.

Nuestra imaginación pone a las personas en un pedestal.
Ellas, en la mayoría de las situaciones, no hicieron nada para que hagamos esa excepción. Esa expectativa inexistente la generamos nosotros mismos. Nuestra pareja no lo hace, ya que le permitimos generarla cuando consentimos que altere nuestros estados de ánimo, emociones y neuronas; lo que, a su vez, genera químicos en el cerebro para entrar en crisis de estrés, sufrimiento y melancolía. Entonces, vamos por el mundo haciendo el papel de víctimas, pues las estructuras orgánicas y químicas aprendieron el camino a seguir y, esos procesos -en segundos- provocan depresión. Una de las formas que proponemos para no sentirnos ofendidos y hacer cuadros depresivos es conocer o reconocer apropiadamente la fuente de las ofensas.

Los primeros años de vida nos condicionan. La verdadera naturaleza es sustituida, en los primeros años de vida, por conceptos familiares, culturales y paradigmas sociales y religiosos; y los medios de comunicación enseñan una forma de pensar. Esto creó una novela falsa de cómo deberían ser las cosas en todos los aspectos de la vida y cómo actuarían los demás. Es una novela que no tiene nada que ver con la realidad, a la par de ser una auténtica mentira inventada por los egos y la mente.

También, a algunos les encanta hacer inventarios de los recuerdos, vivencias y experiencias -o lo que sea- para permanecer siempre en el pasado. Vivimos y creamos también ilusorios futuros, por supuesto también inexistentes. A lo largo de la vida coleccionamos experiencias: padres, amigos, parejas, objetos que traen recuerdos, etc. y las almacenamos en nuestro inventario interior.

Las experiencias negativas del pasado dejan una huella más profunda que las positivas; y, es por eso, que debemos ser honestos y sinceros con nosotros mismos, pues ser maltratados en forma emocional, sentimental, sicológica o física deja una experiencia profunda, como un sello en la memoria. Por esa razón, muchas veces, cuando conocemos a alguien tenemos miedo a la posibilidad que repita las mismas actitudes de quién anteriormente nos hirió. Es cuando sacamos una experiencia negativa de la memoria.

Vemos según el color de los lentes que usamos. Nos ponemos los lentes y enfocamos desde esa expectativa, pues es la única enseñanza del pasado. Así se duplican las experiencias y los mismos problemas negativos; por ello, el inventario negativo (memoria) crecerá. En realidad, lo que hace un inventario es estorbarnos y no deja la posibilidad de ser felices, pues a medida que avanzamos en años somos menos felices, porque el inventario negativo aumenta a través de ellos. Las personas de edad avanzada y los matrimonios perdurables mantienen un inventario grande y, en muchas ocasiones, parece que la negatividad es su vida misma. Sacan experiencias de su inventario negativo ante cualquier situación.

Una de las mayores fuentes de ofensas es imponer el punto de vista e intentar guiar la vida de otros. Casi siempre nos creemos con la suficiente experiencia como para dar consejos no pedidos y como si fuéramos autoconscientes de nuestros sentimientos. Cuando decimos lo que debe hacerse y nos responden que no, creamos resentimientos por partida doble; primero, nos sentimos ofendidos, porque no se hizo lo que dijimos y nuestro interlocutor se ofende, porque no aceptamos cómo es. Se convierte en un círculo vicioso.

Tenemos derecho de hacer nuestras vidas como nos parezca. Aprenderemos de los propios errores. Nacimos libres y nadie tiene el derecho de limitar nuestra libertad, a menos que se lo permitamos. Ni la naturaleza, ni los padres e hijos, ni los amigos o parejas nos pertenecen. Nada, absolutamente, nos pertenece. Son prestados para crear una enseñanza en las propias vidas, pero queremos aprisionar consciencias, personas, almas y objetos; esa es la verdadera intención, pues creemos y pensamos erróneamente que podemos dirigir la vida de cada persona en nuestro alrededor. No los podemos comprar o aprisionar, pues no tenemos ese derecho; no los podemos poseer, tener y controlar ya que no son nuestros y solo los disfrutaremos como parte de la naturaleza y nuestro entorno.

Cuando las atrapamos, provocamos que se lastimen; por eso, lo único que podemos hacer es amarlas en el eterno presente y a plenitud, en cada instante, y no importa que el ego *y* la mente digan lo contrario; solo debemos amarlas con alegría, felicidad y en total libertad por nuestro propio bienestar y el de las personas que están alrededor. Disfrutemos y llegado el momento dejémoslas ir.

Entendamos que nadie nos ofende. Son nuestras ideas acerca de cómo deberían actuar las personas lo que hiere. Estas ideas son producto de una máscara social, que aprendimos desde la infancia de manera inconsciente y en forma de *paradigmas* (esquemas de actuación). Las personas no aceptan ser aprisionadas emocional, sentimental o físicamente, porque nacemos libres y así queremos seguir. No nos desgastemos forzando las cosas y las situaciones, pues solo engendramos dolor en nuestro interior, sufrimiento en la mente y estrés en el diario vivir.

Dejemos a las personas ser. Que cada uno guíe su vida como mejor le parezca, ya que es un derecho y responsabilidad propia. Permitamos que siempre tomen sus decisiones y que fluyan; y, si también fluimos, entonces seremos dos que lo hacen en amor libre. El libre albedrío es un derecho divino por nacimiento. Esta libertad del alma y sus acciones son derechos adquiridos al nacer. No tenemos que juzgar, porque simplemente no somos perfectos y tampoco actuamos muy bien que digamos. No estamos libres de culpa; solo seamos honestos, sinceros y congruentes.

Nadie nos pertenece. Es cierto, ni los padres, hijos, hermanos, amigos o pareja nos pertenecen. Formamos parte del engranaje de la naturaleza, que crea condiciones para aprender y enseñar. Fluyamos con las cosas sin resistirnos a ellas: aceptemos, entendamos, comprendamos y dejemos partir cualquier cosa, situación o persona. Nunca nos demos el permiso de quedarnos con ello, pues solo cargaremos más cosas en la mochila. *Amemos en presente, pues el pasado ya no existe y el futuro tampoco*; solo tenemos el hoy.

Bienvenidas, las nuevas experiencias. No pensemos demasiado y abramos la posibilidad de nuevas experiencias. No utilicemos el inventario y abramos los ojos y observemos el fluir de la vida, tal como es. Cuando limpiamos la visión de lentes oscuros y nos los quitamos, el resultado es la limpieza de la visión. La perfección no existe en la dualidad materialista en que vivimos; solo el verdadero amor es perfecto y el amor incondicional no pertenece a la dualidad. No pensemos que otros sean como nosotros queremos, por eso aceptémoslos tal como son. No intentemos cambiarlos.

El perdonar es de sabios, además de entregarse a la vida y dejar que fluyan dos almas que estuvieron encerradas en su propio orgullo. Dejemos que las heridas sanen y permitamos, de una vez por todas, vivenciar esa experiencia; por lo tanto, tendamos la mano y abracemos con el corazón y sembremos la semilla de un nuevo comienzo. Démonos la oportunidad de ser el primero en liberarnos. Cuando perdonamos, cerramos la herida emocional.

¿CÓMO LOGRAR LAS METAS?

Resumamos algunas de las actitudes principales que las personas tienen ante la vida y que permiten lograr sueños o metas.

Ver los desafíos como oportunidades. La mayoría considera que las situaciones o medios externos son barreras y huyen de los obstáculos; en cambio, los que en forma exitosa logran sus metas o propósitos desarrollan la capacidad de percibir el miedo como un símbolo de alerta sobre lo que realmente enfrentarán, por eso, ponen su energía y coraje en alcanzarlas.

Ver la vida como un juego. Cuando una persona tiene esa forma de ver la vida, abre el espacio para la alegría y la creatividad en lugar de la limitación. Esta actitud también ayuda a cultivar cualidades como la flexibilidad, la resolución de problemas y la confianza, que impulsan a tomar riesgos y llegar a la próxima meta.

Vivir la vida que queremos es la única opción. Estas personas están tan comprometidas en lograr que sus sueños se hagan realidad que desaparecen de su mente cualquier posibilidad de un plan alternativo, pues no piensan: "si esto no funciona, entonces buscaré otro trabajo".

Siempre hablar la verdad. Hacen el esfuerzo consciente para conectarse con su deseo más verdadero, su voz interior y su espiritualidad sin temor a la crítica y al juicio de los demás. Esta conexión se promueve normalmente por medio de la meditación y, también, al estar rodeado y aconsejado por gente con ideas afines (Jackson, 2014).

Actuar sobre nuestros deseos. En lugar de quedarse atascadas en sus sueños, se lanzan a la acción no importándoles lo que cueste. Si se trata de renunciar a un trabajo, salir de una relación que los detiene o trasladarse a una nueva ubicación tienen el valor de hacerlo. Lo hacen al escuchar y actuar en base a su intuición.

Esperar y saber que merecemos lo mejor. Están seguros de que lo que quieren sucederá. Es como si tuvieran la certeza dentro de sí mismos. Esperan y consideran que merecen tener eso y hacen lo que aman, y sirven a los demás usando sus dones. El secreto está en esperar lo mejor, incluso, cuando no tienen las respuestas de cómo sucederá.

No tener miedo o vergüenza al pedir lo que se quiere. Al estar tan conectados con sus deseos, no tienen miedo de pedir lo que necesitan. De hecho, entienden que su éxito depende de los demás, por lo que pedir es parte del proceso. Establecen sus límites y expresan sus necesidades sin miedo, culpa o vergüenza.

Crear las propias reglas. Crean sus propias reglas en lugar de encajar en las normas de la sociedad. Ellos toman decisiones desde un lugar en el que predomina lo que quieren tener, en lugar de lo que piensan que tendrán. Esto les da la libertad de diseñar su propio destino.

Tener maestros, mentores y modelos a seguir. Tener maestros expande la consciencia. Ellos entienden claramente que, cada vez que se preparan para seguir sus sueños, todas sus limitaciones saldrán a la superficie para que las observen y las dejen ir. Tener modelos y mentores les ayuda a identificar rápidamente en dónde están atascados

ELIMINAR LA BASURA EMOCIONAL

Durante la vida acumulamos sentimientos negativos o situaciones que pasamos y, debido a ello, quedan resentimientos, tristezas, miedos y enojos como consecuencia de esas experiencias desagradables. La llamaremos *basura emocional* y la eliminaremos si seguimos ciertas recomendaciones.

Actitud positiva. Tenemos -en determinado momento- la sensación de vivir un día pésimo, desde que nos levantamos hasta que nos acostamos; o, por el contrario, hay días que sentimos que todo está en sincronía con nosotros mismos. Y la verdad es que dependerá de la actitud con la que enfrentamos a las situaciones. Cuando ocurre algo desagradable, en lugar de maldecir o agredir, debemos hacer un alto al pensamiento y a las emociones, retroceder segundos antes de maldecir, reevaluar la situación y sacar provecho afirmando que no perderemos la calma por lo ocurrido. Veremos la situación como una enseñanza, un reto o una señal de aprender.

Recordemos que la forma cómo vemos el mundo es solo un reflejo de nuestro estado interior, pues, cuanto más optimista seamos al interpretar lo que pasa, mejor nos auto valoraremos (autoestima) y mejor adaptación al medio tendremos. Toda actitud positiva comienza por tener una autoestima saludable. (Molina, 2013).

Pensamientos. Los pensamientos negativos generan malestar y la forma cómo se manifiestan es a través de lo que conocemos, comúnmente, como ansiedad o estrés; pero, en cambio, los pensamientos positivos provocan lo contrario a nivel emocional. De este modo si hacemos afirmaciones positivas, modificaremos el pensamiento a través del uso del lenguaje. Se trata de creer lo que decimos y que no solo nos quedemos con las palabras: "me quiero', "me valoro", "soy capaz". Para que algo se aprenda y quede en nuestra memoria (inconsciente), debemos repetirlo muchas veces. Impulsemos aquello que queremos atraer y el pensamiento abrirá el camino emocional que ayudará a lograrlo.

Expectativas. Nos concentramos demasiado en lo que quisiéramos ser o en lo que hace falta y es, exactamente eso, lo que dificulta poner atención en lo que somos, en lo que tenemos y en lo logrado. Concentrémonos en lo que hacemos *diariamente y establezcamos pequeñas metas muy simples de alcanzar*, aparentemente muy sencillas, pero que -al sumarlas- después de un periodo de una semana, un mes o un año veremos con objetividad lo que se logró. Nadie sabe con exactitud lo que pasará de aquí a un año, pero si planificáramos a dónde queremos llegar lo haríamos dando pequeños pasos desde hoy.

La mejor manera de no excedernos en expectativas y no frustrarnos es estableciendo pequeñas metas a corto plazo y, al hacerlas alcanzables, también incrementaremos nuestra confianza en cada paso logrado. Recordemos que las metas -a largo plazo- se obtienen con el logro de las acciones que realizamos diariamente.

Voluntad. Encontraremos justificaciones para no hacer algo que necesitamos realizar, pues nos sentimos decaídos, deprimidos, sin ganas y sin voluntad; a esta situación le sigue la acción del sueño o bloqueo mental haciendo algo que nos distraiga. Lo que ayudará a tener voluntad es imaginar lo que haremos, verlo terminado, imaginar los resultados y, luego, asociar esa imagen a los sentimientos que producirá esa situación.

Zona de confort. Permanecer en situaciones que demandan el mínimo esfuerzo, lleva siempre a lo mismo; pues cuando tenemos lo que queremos y necesitamos, está bien mantenernos en la *zona de confort*. Lo recomendable es -por tanto- salir de aquello que nos rodea y con lo que nos sentimos cómodos. Perdamos el miedo a avanzar, a descubrir nuevos mundos y a buscar oportunidades que aporten nueva sabiduría. Cuando exploramos más allá de los límites que nos autoimpusimos, entramos en lo que se conoce como *la zona de aprendizaje.* Y la única forma de realmente vivir y dejar de sobrevivir es saliendo de la zona de confort; manteniéndonos permanente y tercamente en evolución.

La autoestima. Si consideramos lo que recibimos del mundo externo, desde que nacimos y a través de nuestros padres, hermanos, familiares, vecinos, compañeros de colegio, etc., es poco probable que tengamos un elevado concepto de nosotros mismos. A pesar de ello, aceptémonos. Confiemos plenamente en lo que hacemos, por eso cuidémonos, seamos autosuficientes emocionales, aprendamos a poner límites, realicemos autocrítica constructiva, sepamos que somos los únicos responsables de lo que pasa, dediquemos un momento al día solo para nosotros y apostemos por el sentido del humor. Es común que las personas se preocupen por la forma cómo los demás las valoran.

Todos queremos ser valorados positivamente, pero asumamos que lo que nos define -como personas- no son las opiniones positivas que los demás tengan sobre nosotros o las críticas a las que nos veamos expuestos, sino nuestra propia valoración, la que hacemos de nosotros mismos. Eso se conoce como *autoestima* y se desarrolla verbalizando frases como: quiero, puedo y me lo merezco.

El sufrimiento es una opción. Superemos las relaciones tóxicas que tuvimos y que nos causaron miedos, malestares, frustraciones, pérdidas y heridas emocionales. Seamos conscientes que *el dolor es inevitable, pero el sufrimiento es opcional.* El pensar constantemente en borrar los recuerdos negativos solo provocará hacerlos más conscientes. Para que un malestar se supere, no neguemos su existencia, ya que necesitamos aceptar que tenemos un problema y, luego, podremos cambiarlo. Lo que sucede en forma negativa no se olvida, pero sí se supera.

Las críticas. Lo que diferencia que una crítica sea definida como constructiva o destructiva es la intención con la que se dice, las palabras que se escogen y la manera cómo se expresan; pero, por destructiva que sea, si no se le da importancia no se experimentará como ofensa. Así mismo, cuando seamos los que la formulemos no nos apresuremos a la hora de opinar. Aclaremos el aprecio, basémoslo en el respeto y expresémoslo en el momento adecuado; además, consideremos que el otro tiene derecho a réplica. Resulta necesario comunicarnos, entendernos y comprendernos. Una buena o mala comunicación marcará la diferencia entre tener una vida feliz o una llena de problemas.

Para que la comunicación sea efectiva, y emocionalmente positiva, tengamos una actitud adecuada y centrémonos en un tema concreto, escuchemos con atención y expresémonos en forma clara y directa; digamos lo que pensamos y sentimos. También aceptemos la opinión del otro y no demos nada por supuesto, preguntemos adecuadamente y seamos coherentes con lo que decimos y con lo que expresamos de una manera no verbal.

Inteligencia emocional en el trabajo. La *inteligencia emocional* describe la capacidad de una persona para percibir, evaluar y manejar sus propias emociones y las de los demás; aunque en el trabajo no hablaríamos de los sentimientos, sino más bien de la productividad y temas afines. En vez de fingir que las emociones no existen en el trabajo, aprendamos la forma de manejarlas para tener éxito y mejorar las relaciones con los compañeros y supervisores (Coleman, 2009).

Tomar más consciencia de las emociones. La consciencia de sí mismo es la base de la inteligencia emocional. Al obtener una mayor consciencia de los sentimientos, comprenderemos mejor lo que hace cuando estamos enojados, felices o tristes. Tal vez la otra persona involucrada, y la propia situación, provocará reacciones diferentes y contraproducentes.

Aprender a manejar las emociones. Se refiere a evaluar la razón de por qué nos sentimos de tal o cual manera y, si es el caso, lo que haremos para manejar -por ejemplo, la ira- de diferentes formas y sacarla en forma apropiada de nuestra familia o seres queridos; en consecuencia, debemos examinar por qué nos sentimos de esa forma y decidir realmente si merece la pena el enojo.

Motivarse para lograr objetivos y tener resultados. Cuando nos propongamos alcanzar objetivos, comenzaremos a animar a otros a hacerlo. La automotivación requiere trabajar con un sentido de esperanza en lugar de un sentimiento de temor o miedo. La ansiedad no inspira a la gente a ser mejor y el optimismo produce la seguridad de lograr sus objetivos.

Empatizar con los demás en el trabajo. La *empatía* muestra que tenemos la capacidad de ponernos en el lugar de otras personas. Ver las cosas desde la perspectiva del otro y -así- obtener una mayor información sobre cómo y por qué se sienten de tal o cual manera. Mientras que la *compasión* permite comprender mejor los factores que influyen en las otras personas, pues actuaremos inspirados en resolver los conflictos de otros.

VIVIR EL AQUÍ Y EL AHORA

Desde que nacemos nos enseñan a vivir valorando las opiniones de los demás, más que nuestros propios sentimientos. No hay nada más rápido y común en esta sociedad que la capacidad de valorar, juzgar y rotular a los demás. Posponiendo la vida no disfrutamos lo que ahora podríamos hacer; ese después, de la misma forma, nunca llegará y, si lo hace, no sabremos dónde, cuándo y cómo nos encontrará. Si enseñaran desde niños que nada dura para siempre, que todo está en evolución y es -siempre- temporal, disfrutaríamos más y sufriríamos menos. Aprenderíamos que debemos disfrutar el presente valorando el momento, el instante eterno, sintiendo la intensidad en cada momento.

Amemos por encima de nuestras posibilidades sin dejar las cosas para después, sin dejar de amarnos a nosotros mismos, porque solo de esta manera viviremos una vida que valga la pena. Debemos amar siendo conscientes que lo que empieza termina y que el olvido es parte del amor, que el amor es parte de la vida y, lo que se da, se pierde en el camino.

Vivamos cada día como si fuese a ser el último. Una de las formas de ser conscientes de esto es terminar el día dando gracias por haberlo vivido. Todos aceptamos, como obvio, el presente; y, aunque debería serlo, en realidad no es así, porque la verdadera presencia es más que estar físicamente en un lugar, sino conectados de manera permanente con nuestra esencia. Lamentablemente, esa paz interior se ve alterada y, muchas veces, en forma violenta por los pensamientos y emociones que nos alejan del momento presente. ¿Qué deberíamos hacer para que esto no ocurra?

No debemos identificarnos. Los pensamientos y sentimientos son los que nos identifican con diferentes personajes. Es una lista inagotable de los diferentes "yo", pues hay otras cosas que no se desconectan fácilmente de la presencia; como, por ejemplo, cuando nos identificamos con nuestras habilidades (soy inteligente o soy tonto), con nuestras posesiones (soy rico o soy pobre) o cuando nos identificamos con nuestros logros o títulos (soy ejecutivo, doctor o delincuente). Esto ocurre, porque nos igualamos con los objetos, con el concepto de las cosas y no con lo que esencialmente somos.

No somos nuestras emociones. No tomemos las emociones demasiado en serio. Estas solo se instalan si nos identificamos con ellas y dejamos que se posesionen de nosotros. No nos engañemos, pues nuestra presencia (ser) está por encima de las emociones y es imperdurable. Desde nuestra "presencia" observemos pasar la tormenta de las emociones; solo aceptémoslas, pero sin sufrimiento innecesario.

Conectémonos con nuestra presencia. Tengamos la certeza que la presencia que somos es fuente inagotable y permanente de paz y felicidad; entonces, solo es necesario que, en este momento, abracemos y amemos el presente. Allí encontraremos nuestra presencia, que es el mejor regalo que podemos darnos a nosotros mismos y a los demás. Aunque es innegable que las emociones son parte de la humanidad, estas son igualmente pasajeras y no constituyen lo más profundo ni real de nuestro ser.

La mente no soluciona los problemas. Nosotros no resolvemos los problemas pensando, pues lo que hacemos en realidad es crearlos. La solución siempre aparece cuando salimos del pensamiento y encontramos la quietud y estamos completamente presentes, aunque eso signifique solo un instante. Después de esos segundos, al regresar a nuestro pensamiento, experimentaremos una comprensión creativa que antes no estaba allí; en consecuencia, evitemos el exceso de pensamientos y observemos cómo todo cambia. Hicimos elecciones negativas y, si continuamos castigándonos por ellas, se convertirán en pautas de comportamiento y en hábitos. Nos resultará agotador dejarlas marchar y hacer elecciones positivas.

No hay más realidad que la que tenemos dentro. Y debido a que ignoramos esto, es que la mayoría de los seres humanos vivimos tan irrealmente; es decir, creemos que las imágenes exteriores son la realidad y no permitimos a nuestro mundo interior manifestarse. El mundo existe debido a nosotros, pues somos los creadores. Cada ser crea un mundo alrededor de sí mismo, el cual depende de su mente. "Aunque nos vayamos muy lejos es imposible abandonar nuestro mundo, pues volveremos a crear el mismo, porque brota constantemente de nosotros, como las hojas brotan del árbol" (Martínez, 2012).

Con respecto a nuestras relaciones personales, permitamos que cada uno sea como es. No necesitamos cambiar a nadie y no hace falta que nadie se comporte de otra forma para que seamos felices. Nos equivocamos cuando exigimos que alguien cambie y que haga algo por nosotros, solo para potenciar nuestro sentido del *Yo*.

Tampoco comparémonos con otras personas solo para fortalecer nuestra sensación de identidad. No vivimos en el mismo mundo y no podríamos, porque las mentes no son iguales. Podemos hacerlo en el infierno y nuestro vecino en el cielo.

SOMOS ADICTOS A PENSAR

Es sumamente necesario liberarnos de nuestra mente y, para hacerlo, debemos observar al pensador (dentro de nosotros) y escucharnos tantas veces como podamos. Escuchar esa voz que habla dentro, pero sin juzgar; es decir, hacerlo imparcialmente. Será, entonces, cuando nos daremos cuenta de que está allí y, nosotros, escuchándola; y, así mismo, percibiremos que esa comprensión surge más allá de la mente. En ese momento es cuando los pensamientos pierden el poder sobre nosotros. "El pensamiento se aquieta y experimentamos nuestra presencia plena y verdadera esencia" (Tolle, 2015).

El ser humano utiliza la mente absolutamente para todo. En realidad, debería solo utilizarse en tareas específicas y dejarla de lado cuando se termina la tarea. La mente es un excelente instrumento, que sirve muy bien para organizar, planificar, ordenar y controlar; pero no para vivir la vida y, menos, para valorarla. La mayoría de los pensamientos son repetitivos e inútiles y, lo peor de todo, es que por su naturaleza disfuncional son, casi siempre, negativos. Gran parte son perjudiciales, provocándonos una gran pérdida de energía vital. Es necesario aclarar que, cuando el pensamiento se convierte en una actividad compulsiva e imparable, se transforma en una adicción, pues ya no tenemos voluntad.

Somos adictos al pensamiento, porque estamos identificados con él; lo que significa que nuestra existencia depende del contenido y de la actividad mental. Estamos convencidos que dejaremos de **ser** si dejamos de pensar. A medida que evolucionamos, nos formamos una imagen de quiénes somos a razón de los condicionamientos personales y culturales. Ese es el que en vida diaria aparece cuando menos lo esperamos; en consecuencia, está basado en la actividad mental y solo se mantendrá activo por medio del pensamiento constante. "El término ego lo usamos para referirnos a un falso ser creado por nuestra identificación con la mente" (Jara, 2011).

Para el ego el momento presente, es decir el aquí y el ahora, casi no existe, pues lo único que lo hace importante e indispensable es el pasado y el futuro. Esta tergiversación total de la verdad es la causante que la mente, en su modalidad de ego, sea disfuncional, pues siempre se preocupa de mantener el pasado vivo, porque sin pensar en lo que ocurrió no tiene justificación su existencia y sin el pensamiento sentimos que no somos nada. Otra forma que el pensamiento justifica su existencia es cuando se proyecta hacia el futuro constantemente, asegurando su supervivencia y buscando algún tipo de alivio. Esta idea se explica cuando nos decimos a nosotros mismos: *un día cuando esto o aquello ocurra, me sentiré bien, feliz y en paz*. Incluso cuando el ego parece estar centrado en el presente, no es verdaderamente lo que ve, pues lo percibe en forma errónea, porque lo observa con los ojos del pasado.

Solo a través del momento presente nos liberaremos de esta adicción, pero no podremos hacerlo mientras creamos que somos solo nuestra mente; y no se trata de eliminarla o perder la capacidad de discriminación, análisis o síntesis. Una actitud positiva que deberíamos adoptar, inicialmente, para provocar el cambio es afirmar que no nos molestaría pensar con mayor claridad y en forma concentrada, pero usualmente la actitud que se asume, que es altamente nociva y la más frecuente, es aseverar que el don del pensamiento es lo más precioso que tenemos y sin él solo seríamos otra especie animal. Nada más falso.

El predominio de la mente en el desarrollo integral del ser humano no es más que una etapa en la evolución de la consciencia, pero necesitamos pasar urgentemente a la próxima; de lo contrario, ocurrirá lo que describimos al ser absorbidos o disminuidos casi totalmente por la mente, ya que perdimos su control. Algunos consideran que el pensamiento y la consciencia son sinónimos. No es así. El pensamiento es solo un pequeño aspecto de la consciencia y no existirá sin ella; y, la verdad, es que la consciencia no necesita al pensamiento.

En esta fase consideramos indispensable aclarar que la iluminación significa levantarse por encima del pensamiento y no caer a un nivel inferior de él, de animal o vegetal. En el estado iluminado se utiliza la mente cuando la necesitamos, pero en una forma más enfocada y efectiva que antes. Se emplea, sobre todo, con fines prácticos y está libre del diálogo interno involuntario, prevaleciendo la quietud interior.

Lo recomendable es usar nuestra mente cuando necesitemos una solución creativa y, cuando la usamos con este fin, veremos que dudamos unos cuantos minutos entre el pensamiento y la quietud, entre la mente y la no mente. Al hablar sobre la no-mente nos referimos a lo que es consciencia sin pensamiento y, solo de esta forma, es posible pensar creativamente, porque solo así tendrá poder real.

El pensamiento aisladamente -cuando no está conectado con una consciencia espiritual o consciencia cósmica o energía universal- se vuelve improductivo, insensato y destructivo. La mente es una máquina de supervivencia y básicamente de ataque y defensa contra otras. Es muy buena para recoger, almacenar y analizar información, pero no es creativa en absoluto. Todos los artistas verdaderos, sean conscientes o no, cuando crean lo hacen desde un lugar de no-mente y de quietud interior.

La mente, entonces, solo sirve para dar forma a la visión o impulso creativo, ya que, incluso, los grandes científicos dijeron que sus grandes logros creativos llegaron en un momento de quietud mental. El sorprendente resultado de una encuesta nacional entre los matemáticos más eminentes de Norteamérica, incluido Einstein, afirmaron que el pensamiento juega solo un papel subordinado en la breve fase del acto creativo en sí mismo (A. Koestler, The Ghost in the Machine. Arcana, Londres 1989). Así, pues, se determina que la sencilla razón por la que la mayoría de los científicos no son creativos, no es porque no saben pensar, sino porque no saben cómo dejar de hacerlo.

La vida sobre el planeta y nuestro propio cuerpo no fueron creados por medio de la mente o del pensamiento. Asumamos que debe haber una inteligencia más grande que la mente, sino cómo explicamos que una simple célula humana que mide 0.0001 pulgadas contenga instrucciones en su ADN que llenaría mil libros de seiscientas páginas. Cuanto más aprendemos sobre el funcionamiento del cuerpo, más descubrimos cuan vasta es la inteligencia que funciona en él y qué poco conocemos.

PROCESO BIOQUÍMICO DEL PENSAMIENTO

Es importante conocer cómo funciona el proceso bioquímico del pensamiento y de qué manera afecta la salud. La bioquímica del organismo se verá afectada por lo que ingresa al organismo, como: alimentos, pensamientos y procesos mentales. Cuando aparecen síntomas de alguna enfermedad es debido a que seguimos un patrón de conducta equivocado y nos llenamos de toxinas al descuidar lo que ingerimos, sentimos o pensamos. Todo lo que ingresa al organismo fortalece o debilita, primero emocional y, después, orgánicamente.

Los libros de autoayuda o autoconocimiento que leemos, casi siempre, tratan sobre temas referentes a cómo los pensamientos negativos afectan la salud y crean enfermedades y hacen recomendaciones de cómo evitarlos, pues definitivamente tienen un efecto directo sobre el organismo. Estas sugerencias y recomendaciones no explican cómo funciona el proceso y cómo se crean las enfermedades.

Los pensamientos, emociones, sentimientos y la forma cómo respondemos o actuamos es el resultado de lo que conocemos como actividad cerebral o mental. Analicemos el pensamiento como una actividad neuronal (células del cerebro) y como un flujo de una actividad eléctrica que se desarrolla en el cerebro. "Esas conexiones eléctricas entre las neuronas son las que dan lugar a lo que conocemos como pensamiento; es decir, a las percepciones, imágenes, sonidos, recuerdos, memorias, inspiraciones, ideas, creencias, etc." (Alquimista, 2014).

Una vez que el cerebro ha creado y mantenido una serie de pensamientos placenteros o negativos, sobre críticas o aceptación, de odio o amor, etc. el hipotálamo, que es el gran laboratorio químico del organismo, se pone en marcha y crea hormonas (sustancias químicas: péptidos), directamente relacionadas a lo que el cerebro procesa.

De esta manera creará combinaciones químicas específicas para cada tipo de pensamiento que el cerebro produzca y aparecerán las emociones; por consiguiente, el *hipotálamo,* al segregar e inundar el torrente sanguíneo con esas hormonas, hará que el cuerpo cree sustancias químicas para cada tipo de sensación; y, como consecuencia de esto, nos sentiremos alegres o tristes, relajados o ansiosos; en general, mal o bien. Recordemos que el *hipotálamo* es el gran laboratorio y creará productos químicos con una perfección inimaginable para transformar en diferentes sensaciones los pensamientos que produce el propio cerebro. Se crearán *péptidos*, que nos harán actuar rápidamente ante situaciones de estrés o segregará hormonas placenteras para adormecernos o para auto premiarnos.

En conclusión, creará y producirá una sustancia química natural específica para cada proceso mental que ocurra. La verdad es que desconocemos la maquinaria bioquímica que se pone en marcha cada vez que el cerebro produce un pensamiento u otro; por lo tanto, es importante que conozcamos estos procesos, pues es la única forma de saber por qué razón pensamos correctamente o por qué tenemos pensamientos que son nocivos o beneficiosos para la salud.

Casi siempre no controlamos cómo nos sentimos, o lo que es peor, no vigilamos el hecho que las sustancias químicas están vinculadas a pensamientos autodestructivos y, literalmente, envenenan el cuerpo a diario y son la causa de enfermedades. De esta forma, si permitimos que las tensiones de cada día nos mantengan en un estado permanente de estrés, alerta y desconfianza (actividades que se crean y que no se controlan), el hipotálamo responderá segregando sustancias químicas que colocarán al organismo como si estuviera atacado y lo preparará para luchar o huir, como si existiera una situación de vida o muerte.

Por supuesto que esta forma de defensa es natural e incondicionada y la realiza el organismo humano (y todos los seres vivos también), como un mecanismo de sobrevivencia; pero cuando la situación no es un caso de verdadero peligro -y si a esto le agregamos que se repite con mucha frecuencia- se convertirá en una *respuesta autodestructiva.*

La sola sensación de estrés, ansiedad, prisa, urgencia, preocupación, ira, miedo, odio, etc. creará en el cerebro humano situaciones inexistentes e, inmediatamente, una respuesta química a ello. Toda esta situación ficticia provocará que el *hipotálamo* segregue las hormonas correspondientes a un ataque o a una situación de peligro inminente para la vida. Al producirse esta reacción muchas veces al día y cientos de veces en una semana, afectará seriamente al organismo con una intoxicación bioquímica -con la cual nadie viviría por mucho tiempo-, si permanentemente se encuentra en estado depresivo de shock, alerta, peligro o estrés; y menos de miedo permanente e ininterrumpido.

Esta forma de vivir produce serias enfermedades, tales como: infartos, úlceras gastrointestinales, hipertensión arterial, diabetes y un conjunto de daños orgánicos que son mortales. Y todo comienza en los pensamientos descontrolados que dieron la orden equivocada al hipotálamo para que produzca sustancias que, segregadas en esta forma, terminan envenenando al cuerpo.

Las infecciones virales y bacteriológicas son otras enfermedades que están vinculadas a la forma en que pensamos. El procedimiento es muy parecido al de las sustancias bioquímicas que produce el hipotálamo. Ya sabemos que, frente a situaciones constantes de estrés, miedo, ansiedad y preocupación la actividad neuronal pone en marcha procesos de defensa: tensiona músculos, prepara el cuerpo para la potencial huida o ataque y dirige la circulación sanguínea; es decir, paraliza procesos internos no vitales para atender una supuesta amenaza que no existe y que solo imaginamos.

Todo esto ocasiona que el sistema inmunológico se desgaste, pues está combatiendo y rechazando a diario cosas que no existen realmente y que son producto de la imaginación o falta de autocontrol. Y, entonces, predispone con facilidad a contraer gripe o infecciones, además de bacterias y virus. Nuestros órganos dejan de funcionar adecuadamente para hacerlo en modo de alerta, si vivimos bajo situaciones de estrés sostenido, prisa, preocupación y temor, angustia, ansiedad, etc.

Provocará que la circulación sanguínea se altere, la tensión se dispare y también la actividad nerviosa se vea afectada, originando enfermedades en el corazón, los riñones, el páncreas y en otros órganos vitales. Del mismo modo esas instrucciones incorrectas que no paramos y revertimos en los pensamientos, afectarán al sistema emocional evidenciando agotamiento, pena, rabia, frustración, depresión y bipolaridad y una larga lista de enfermedades de orden nervioso y emocional; tan peligrosas o más, que las orgánicas.

Al tener conocimiento específico sobre cómo funciona el todo el engranaje del proceso de pensamiento-hipotálamo-hormonas-envenenamiento del cuerpo y la alteración y disminución del sistema inmunológico, tendremos las herramientas para *invertir el proceso* creando pensamientos de confianza, amor, seguridad, tranquilidad, calma, alegría y paz, que son opuestos a enfermedades. En estos pensamientos positivos el hipotálamo producirá hormonas -llamadas endorfinas- placenteras de anestesia, calma y tranquilidad, que contribuyen a que el organismo opere con normalidad y no bajo amenazas. Recordemos que el detonante de toda la bioquímica del cuerpo son los pensamientos y las emociones. Son el efecto de las sustancias bioquímicas que se producen en el hipotálamo.

Las células son seres conscientes. Las células escuchan lo que pensamos, sienten lo que sentimos y viven unidas a cada una de nuestras decisiones, acciones, pensamientos, sentimientos y vivencias. Todo ello se impregna en cada una de las células y las puede sanar o enfermar; por eso, se dice que las células escuchan lo que pensamos. Recordemos que cada sistema del organismo es, a su vez, parte de un sistema mayor, en consecuencia, cada célula del cuerpo, independientemente de qué tipo sea, se entera de lo que ocurre con las demás.

Es por esto por lo que los pensamientos y las emociones

son escuchados y percibidos por cada una de estas células y, con mayor razón, las de nuestro sistema inmunológico, pues están en constante atención de las imágenes, ideas, sensaciones y emociones que experimentamos.

LIBERÉMONOS DEL EGO

"El despertar no significa que somos mejores que los que aún no lo hacen. Veamos a nuestros semejantes con benevolencia, porque en algún momento de evolución también pasamos la vida sin comprenderla".

Si creemos que es más espiritual caminar o utilizar el transporte público, no ver televisión, evitar chismes, hacer yoga, convertirnos en vegetarianos, comprar cristales, visitar templos y leer libros con temas espirituales… está bien; pero si criticamos a los que conducen su auto, si juzgamos a quienes ven televisión o se dedican a chismear, si enjuiciamos a quienes no hacen lo que afirmábamos anteriormente… entonces, estamos en una trampa del ego. "Seamos conscientes permanentemente para no sentirnos superiores. La idea de que somos seres superiores es una reacción del ego".

Por ejemplo, si tenemos la idea de practicar el yoga para mejorar los niveles energéticos, con el tiempo no cambiemos y terminemos sintiéndonos superiores a los demás; pues, el ego menosprecia a aquellos que no siguen el camino espiritual. Los sentimientos de superioridad y establecer juicios y realizar sentencias son trampas del ego. Siempre sobrevivirá, pues si no es un Yo es el otro, pero ninguno de ellos, que forman la personalidad, están dispuestos a rendirse. Esos Yo se creen los dueños del pensamiento, sentimientos y acciones.

Recordemos que somos energía divina y liberémonos, lo más pronto posible, del ego. Tengamos cuidado, ya que, cuando menos lo esperamos, la vida coloca delante de un desafío que pone a prueba la voluntad de cambio. Es cuando aparecerán personas alrededor, que se convierten en grandes maestros sin saberlo, pues sirven para probarnos o poner en práctica si en realidad evolucionamos o no. Y, a decir verdad, ocurrirá en cada momento y cuando menos lo imaginemos.

Despertar la consciencia es importante, pues cuando vinimos a este planeta lo hicimos para aprender y para desarrollar e incrementar el nivel de vibración y, quizás, pasar a otra dimensión. Al decirle a alguien que -lo que pasa- fue diseñado para su propio aprendizaje y elevación de la consciencia no es fácil que entienda y, cuando lo haga, su perspectiva de vida cambiará por completo. El mundo, la vida y el universo no son como nos hicieron creer.

Al salir de las creencias y al dejarlas de lado encontraremos la realidad. Todo el descontento proviene de la falta de gratitud por lo que poseemos y ocurre, porque no valoramos lo que tenemos y somos. "Las energías iguales se atraen y significa que, cuando la vibración personal es muy baja, se presentarán problemas. Lo primero que haremos es mejorar el nivel de energía y es cuando atraeremos a nuestra vida las situaciones y personas que nos den más tranquilidad, paz y felicidad" (Dyer, 2010).

Para generar una mejor vibración personal, en primer lugar, seamos muy cuidadosos con lo que pronunciamos. Evitar palabras que tengan vibración baja, aquellas que pronunciamos cuando nos quejamos o criticamos a alguien. Recordemos siempre que la palabra tiene poder creador. También es importante estar permanentemente cerrando ciclos en la vida. Y cada vez que lo hagamos sentiremos dolor, pero no tenemos otra opción, pues somos los únicos responsables de nuestra vida que acarrea sufrimientos, de lo que sucedió y sucede. Inconscientemente lo escogemos así y es en beneficio al propio desarrollo, pues al despertar, seremos conscientes.

PODEMOS VIVIR DE OTRA MANERA

Casi siempre pensamos que, para despertar espiritualmente, necesitamos una experiencia de gran dolor; y eso es falso, pues también despertamos a través de la felicidad, la armonía y el amor -que son mecanismos más utilizados para hacerlo-, pero no es así. El despertar espiritual lo asociamos más con sensaciones de dolor, porque vemos las cosas desde la mente y esta solo hace valorar y recordar nuestra salud cuando enfermamos.

La mente funciona por contraste, pues aparentemente no somos plenamente conscientes del verdadero mensaje de lo que experimentamos cuando ocurren situaciones positivas de amor y no las valoramos o entendemos; por esa razón, pensamos que solo aprendemos con experiencias dolorosas. En realidad, somos seres que estamos aquí para vivir esta experiencia e impulsar el proceso de evolución de la consciencia. Cuando encarnamos en este plano, lo hicimos a través de un yo físico; sin embargo, no solo somos el cuerpo que experimenta y el *yo físico* que utilizamos para vivir la experiencia humana, sino somos el conductor que se encarna en este plano y que, para vivenciar la experiencia humana, utilizamos un cuerpo. Cada uno tiene la posibilidad de elegir el suyo, o mejor dicho, el cuerpo con las características que permitan tener las experiencias que decidimos y que son necesarias para el desarrollo espiritual.

Emilio Carrillo, en sus libros y conferencias, utiliza el símil entre el automóvil y el conductor para diferenciar entre lo físico y lo espiritual. Al utilizar esta comparación explica que cuando manejamos un auto no hay una dualidad, pues el vehículo es una extensión nuestra que permite desplazarnos como si fueran las piernas. Lo mismo ocurre cuando encarnamos en el plano humano, "el Yo físico", pues el cuerpo es una extensión para vivenciar las experiencias que necesitamos y queremos vivir. Cuando manejamos un vehículo siempre obedece a dónde queremos ir; sin embargo, esto no nos ocurre con el Yo físico, mental y emocional. Muchas veces la mente discute, se queja y, a veces, hasta protesta; y lo observamos a diario. La mente nunca entenderá que todo es como corresponde, pero como conductores deberíamos saber que nada sucede por casualidad y que no hay nada al azar, pues todo tiene su por qué y para qué, que nada sobra ni falta (Carrillo, 2015).

La vida se convierte en una cadena de dolor y sufrimientos, porque las experiencias de felicidad y amor no la valoramos. El hecho de que la mente siempre se queje, confunde y no permite entender la vida. Esta es la verdadera razón por la cual vivimos de dolor en dolor. Y no tiene por qué ser así, ya que para impulsar nuestro recuerdo y lo que somos no necesitamos las experiencias de dolor; pero, esta forma de ver las cosas cambia cuando despertamos y nos damos cuenta de que somos el conductor y que el auto está a nuestro servicio; en ese momento, es que se acaban las contradicciones y discusiones.

Como mencionábamos, se acaba el "esto no me gusta, esto está bien, pero esto está mal"; entonces, el Yo físico (la mente) queda a disposición del conductor. Seamos conscientes que somos vehículo y conductor al mismo tiempo y, cuando llegue la muerte, ocurrirá definitivamente la separación. El vehículo que utilizamos para vivir la experiencia humana terminará sus días en un cementerio o en el crematorio, sin importar cuál sea la razón.

Como conductores del vehículo no tenemos fecha de término e iremos a esa vida que está más allá de la vida. Es una puerta que se abre de vida en vida, pues para el conductor la muerte no existe. Somos energía y la energía no se destruye, ya que solo se transforma. Una vez allí veremos si volvemos a *reencarnarnos* en este plano y si necesitaremos otro vehículo, otro Yo físico (cuerpo), cuyas características estarán ajustadas a las situaciones que necesitamos experimentar para lograr otros niveles de energía.

Nos empeñamos en vivir a través de la mente, pero podemos vivir de manera menos intelectual; es decir, sin mente, sin lenguaje y sin tiempo. Lo único que deberíamos es ser lo que somos. Tenemos que vivir el aquí y el ahora sin que la mente nos desconecte, porque estamos aquí voluntariamente y no permitiremos que, cuando esto suceda, pensemos en otro lugar. Aquí estamos para vivenciar la experiencia humana como seres de otro mundo. También vamos de planeta en planeta y hay un momento concreto en que decidimos bajar hacia la Tierra.

El aquí no consiste en traer cosas, sino en sacar lo que tenemos dentro. A la mayoría les pasa que, al esforzarse por empezar un camino espiritual, se bloquean con tantos videos, libros, maestros, reuniones, etc. debido a tanta información que asimilamos cuando estamos en búsqueda de aquello que los orientales denominan "iluminación", sin embargo, nosotros conceptualizaremos como "despertar".

El despertar no está afuera, sino adentro. Es ser y una luz para nosotros mismos. Darnos cuenta de que ya somos lo que buscábamos, que siempre lo fuimos, que es imposible que no lo seamos y que, simplemente, estábamos distraídos con lo que ocurre en la sociedad y muy entretenidos con los medios de comunicación y en todo lo que ocurre fuera. Por lo tanto, la forma adecuada de iluminación es darse cuenta de la innecesaridad de la iluminación. Una definición más apropiada es ser normal. Cuanto más busquemos y rebusquemos, más nos alejamos de lo que somos. Ser normal a través de una vida sencilla y alegre -en el contexto social que tocó vivir-, sin hacer daño a nadie y con una vida impregnada de amor. Otra definición a tener en cuenta es la ausencia de quejas.

Al nacer tenemos la cualidad del libre albedrío, que significa ser libre de hacer lo que se quiere; y el que quiere quejarse, lo puede hacer, pero seamos conscientes que la queja no es nuestra, sino que se origina por la mente. Lo más importante es saber que, aunque exista una sincronicidad entre el conductor y el vehículo, lo que distingue es que uno tiene fecha de caducidad y el otro no.

El Yo físico, si lo comparamos con un computador, es el sistema operativo (lo que para nosotros es la mente). Tiene aplicaciones y sirve para muchas cosas, pero no nos vale para todo. La mente sirve para organizar, programar, recordar, escuchar, hablar, interactuar y crear intelectualmente; y debe estar al servicio para poner en práctica y compartir dones y talentos. La mente no sirve para vivir ni para entender la vida y, tampoco, para comprenderla. Funciona con unas características operativas que le impide que veamos la vida, entenderla y comprenderla. Una de ellas y que más resalta es que todo lo tergiversa.

Al perder el control del vehículo, es decir el control de la vida, se activa un piloto automático; es algo que permite relajarnos un poco. Es lo que se denomina como inconsciente o ego y es una creación de la mente. Algunos se deshacen del ego, pero él actúa en el día a día, sin hacer esfuerzo y realiza tareas en forma automática, como: comer, dormir, manejar y trabajar; la rutina permite que se viva con un nivel mínimo de atención o consciencia (y es un estado en que la mayoría vivimos); la atención justa para sobrevivir. Por consiguiente, al ego no debemos eliminarlo, solo seamos conscientes, despertemos y tomemos el mando; ya que es necesario ser conscientes de cuándo estamos en piloto automático.

El vehículo (el Yo físico) lanza mensajes de miedo de la misma forma cómo aparecen mensajes en los vehículos reales, tales como presión de aire en las ruedas, puerta abierta, falta de gas, etc. La mente lanza mensajes de miedo en forma continua y siempre tiene que ver con el miedo, aunque, en ocasiones, se reviste de otra forma como mensajes de tener, retener, atesorar, poseer y acumular para darnos la sensación de seguridad y protección.

Pero ¿qué seguridad necesitamos si somos seres de otro mundo y que vamos de planeta en planeta? Sabemos que no llevaremos nada al morir. A diferentes escalas siempre se repiten los mismos patrones de tener, retener, etc. Cuando eso aparezca en la mente no le hagamos caso, pues no tiene nada que ver con el verdadero Yo, porque son cosas de la mente, del ego… *del auto.*

La sociedad la construimos en base a los mensajes del ego. La mente hace creer que tenemos el control sobre las cosas y la verdad es que la vida no se programa. Las personas quieren estar seguras y controlar las cosas; lo único seguro es que el Yo físico tiene fecha de término. La mente siempre crea problemas donde no existe y hace difícil lo sencillo. La sociedad en que vivimos la desarrollamos entre todos y es una creación de esta vida física y de toda la cadena de vidas físicas que hemos tenido: las instituciones, la economía, las religiones, la escuela, etc.

El diseño de la sociedad, en general, se basa en el vehículo y en los mensajes del ego, porque la construimos y la hicimos en base a los mensajes de la mente, con una actitud de crear problemas donde no existen. Cuando funcionamos aferrados a la mente -con el Yo físico y en piloto automático- nuestras vidas se resumen a tener, retener, acumular, atesorar, poseer, dominar, competir, controlar, programar; además de crear problemas donde no los hay y complicar lo sencillo.

Lo que siente el conductor es amor, porque eso es lo que somos. Nuestra divinidad tiene como esencia el amor y, desde ella, agradezcamos al Yo físico todos sus servicios, comprendiendo que si necesitáramos otro vehículo lo elegiríamos; pues simplemente lo usamos, pero no nos influenciemos por los mensajes que envía. "El conductor sabe que debe soltar, desalojar, practicar el desapego, no retener, llevar una vida sencilla; tal como lo decía San Francisco de Asís: necesito poco y de lo poco que necesito, necesito poco".

La sociedad que construimos está basada en las cosas por su valor de cambio y no por su uso (valen por su precio) y por el intercambio que se establece en el mercado: "*nuestro verdadero Yo* sabe que el valor de las cosas es el valor de uso, pues es donde las cosas realmente tienen valor y tienen tanto, que, al final, no tienen precio".

La mente nos hace ambiciosos. Cuanto más tenemos, más queremos; y necesariamente no tenemos que ser millonarios para ser ambiciosos o avaros, sino que podemos ser pobres y funcionar con el mismo paradigma o con la misma escala de valores. El conductor, lo único que sabe, es vivir. Eso de controlar o dominar es un campo de juego del ego. Los que viven bajo ese paradigma de dominar, tener y retener en realidad viven enfadados; y este enfado se manifiesta a través de una discusión, del fútbol u otro deporte, o también asumiendo una posición política o religiosa, etc.

Por lo tanto, cuando establecemos una discusión es porque el ego pone de manifiesto dicho enfado y es cuando insultamos o agredimos. En realidad, nos insultamos y enfadamos con nosotros mismos; pues detrás del enfado y del insulto hay una enfermedad y eso no se relaciona con la persona. Es frecuente ver que el ego del otro sirve de excusa para que el nuestro también entre en escena; en consecuencia, al salir un ego refuerza al del otro e incrementa su nivel de violencia.

El conductor, en vez de competir y controlar, debe ser solidario, comprender, cooperar, compartir y dar amor. El ego y la mente enseñan que todo es escaso, sin embargo, en el universo lo que hay en realidad es abundancia, pero solo se origina o manifiesta a través de los mensajes nacidos del corazón.

La clave de la abundancia es compartir, por eso hagámoslo desde el corazón. El conductor no debe programar y controlar, ya que solo debe confiar en la vida y, al hacerlo, ya no necesitamos controlar… solo fluyamos con la naturaleza. A esa confianza en la vida también se le conoce como *providencia*, que, al final, es la persona misma y la propia divinidad puesta en acción. Para que la confianza brote, partiremos de la premisa que la mente no sirve para todo.

El sistema operativo de la mente hace que veamos las cosas torcidas. Esa torcedura es un efecto óptico, visual y provocado por la mente, pero es falso. Lo real es que nada está torcido y todo es exactamente como debería ser, pues lo que ocurre tiene un por qué y para qué. Todo encaja y nada sobra ni falta.

Lo único inquieto en el cosmos somos nosotros. Por eso no tenemos por qué inquietarnos. Lo que pasa en nuestra vida tiene un sentido profundo y es clave de nuestra evolución de consciencia. Cuando suceden situaciones desagradables como accidentes o enfermedades, incluso muertes, tienen una razón de ser y un por qué. Las situaciones son creadas por nosotros mismos para incentivar el proceso de desarrollo y el recuerdo de los que somos y de lo que es.

Una enfermedad solo es la punta de Iceberg: el resultado de un problema de trasfondo y no el verdadero problema. Como conductores no nos enfermamos, pues es el auto el que lo hace, porque tiene una fecha de caducidad. La medicina Aryuveda dice que la enfermedad solo muestra algo que está mal, por consiguiente, se afirma que es sanadora y está en clave de sanación de limpieza; nosotros creamos todo.

Despertamos cuando sufrimos. Cuando la mente experimenta placer, no reacciona y no distinguimos ni valoramos las situaciones que necesitamos desarrollar para crecer, no le prestamos la debida atención y no hacemos caso; sin embargo, cuando se presenta el mismo mensaje acompañado de dolor, entonces sí reaccionamos. Es por esto que decimos que despertamos cuando algo grave ocurre; y es cierto, pues en la mayoría de las situaciones solo revaloramos nuestra existencia cuando tenemos una pérdida grave y entramos en estados profundos de depresión. Con frecuencia nos quejamos y seleccionamos lo que agrada o nos hace felices (esto sí y esto no).

Esas son respuestas típicas de la mente, pero la vida es una sola y no puede ser fragmentada (unicidad). Cuando intentamos hacerlo, aparece el miedo. Esto no nos gusta y cuanto le decimos no a algo, ya tenemos miedo a la vida. Aprendamos a disfrutar de todo, de la salud-enfermedad y alegría-tristeza. No rechacemos lo aparentemente negativo.

La confianza en la vida no es un proceso intelectual sino vivencial. Vivamos pues una hora, un día, una semana sin queja; y cuando aparezcan, solo ordenemos a la mente que se calle y que se quede quieta. A la mente no se le puede dejar, porque es muy astuta. Lo que podemos hacer es provocar que nos abandone, aburriéndola y diciéndole cada vez que aparece en momentos que no debe: "tú no sabes de esto, regresa a tu sitio, pues yo te llamaré". Es un miembro más de nuestro auto y movemos las piernas cuando las necesitamos y ordenamos al Yo físico que lo haga. Igual hay que hacer con la mente, pues no es normal que tengamos, en forma permanente, pensamientos o una voz que nos hable sin parar.

Todo el tiempo la mente está ocupada. Cuando no tenemos algún ruido externo (radio o televisión), no deja de hablar y no dejamos de escucharla. Necesitamos del silencio, pero no nos referimos a la ausencia de ruidos externos, sino al silencio mental. Todos tenemos diálogos mentales (sobre cosas del pasado o del futuro) y de estos diálogos se producen vibraciones que, casi siempre, no son de amor o paz; sino, por contrario: odio, cólera, ira, rencor, envidia, venganza, culpa, tristeza, etc.

Todo el tiempo estamos en permanente guerra mental, lo que impide lograr una paz interior. Cambiemos nuestros pensamientos tóxicos y negativos, hagamos silencio y emanemos vibraciones positivas que cambien el mundo; vibraciones basadas en la igualdad, en el compañerismo, en compartir, en la compasión y amor por los demás seres que están en este planeta. Esto se logra solo a través de la meditación constante.

PAUTAS PARA LOGRAR NUESTROS OBJETIVOS

El tener éxito en la vida no es cuestión de suerte o cosas del destino, sino son situaciones que se planifican y se llevan a cabo; y cada uno podemos hacerlo. Tenemos el poder y la capacidad de crear riqueza y tener éxito en todo lo que emprendamos, pero siguiendo ciertas pautas (Celis, 2016).

El poder de un plan de acción. Para el logro de una meta, así sea la más sencilla, desarrollemos una estrategia y un plan de acción organizado. Siempre tengamos en cuenta que, cuando creamos que ya exploramos todas las posibilidades, aun faltan. Antes de aceptar un trabajo o abrir un negocio y emprender una meta hagámonos las siguientes preguntas: ¿disfrutaré con este tipo de trabajo?, ¿está el trabajo o la tarea en consonancia con mis talentos y capacidades?, ¿me acercará a mis metas profesionales y/o personales?

El poder de la perseverancia. El éxito no es normalmente el resultado de un esfuerzo, sino de la acumulación de muchos. La diferencia entre la gente que triunfa y la que no, no radica necesariamente en su talento, sino en su perseverancia; por eso, siempre insistamos y aprendamos de cada experiencia. No hay otra opción: eso o nada.

El poder de las creencias. La gente no logra lo que es capaz de hacer, sino lo que *cree* capaz de hacer. Todas las circunstancias de la vida son un reflejo de las creencias subconscientes. Ganamos, casi siempre, lo que creemos que valemos.

El poder de un deseo ardiente. Si no tenemos lo que queremos en la vida es porque, en realidad, no hay un deseo ardiente de eso. No obtendremos nada que merezca la pena en esta vida si no se manifiesta ese deseo. Esto lo sentimos cuando estamos dispuestos a todo lo que sea preciso para lograrlo (excepto la salud, relaciones y el respeto por sí mismo).

El poder de la solidez de propósito. Lograríamos cualquier cosa que deseáramos si supiéramos exactamente lo que queremos y por qué lo queremos. Seamos específicos a la hora de plantearnos una meta, pues no solo es imprescindible que digamos exactamente cuánto dinero necesitamos, sino lo que haremos con él. Al formular nuestra meta hagámosla en tiempo presente: *"hoy estoy recibiendo x cantidad de dinero, hoy estoy leyendo mi libro, hoy estoy manejando este nuevo auto, hoy estoy meditando diez minutos diarios"*.

El poder del conocimiento especializado. El conocimiento es poder solo cuando se organiza bien y se aplica de forma inteligente en la consecución de un fin definido. No es necesario que sepamos de todo, pero sí necesitamos saber dónde y cómo obtener la información que necesitaremos.

El poder de la integridad. Nuestras acciones, palabras, pensamientos y emociones son bumerang, pues siempre vuelven hacia nosotros; en consecuencia, no intentemos crear riqueza mediante el engaño y el fraude, ya que será como intentar construir una casa sobre arena, pues no tardará en derrumbarse y, tarde o temprano, lo hará. Siempre formulémonos las siguientes preguntas: ¿es legal?, ¿es moralmente correcto?, ¿me hará sentir orgulloso de mí mismo?, ¿me gustaría que mi familia se enterase?, ¿me seguiré respetando a mí mismo después de haberlo hecho?, ¿de qué modo beneficiará a otros?

El poder de la fe. Es necesario confiar en los instintos y seguir nuestra intuición. Repitamos sugestiones para crear fe en nosotros y siempre actuemos como si fuéramos a lograrlo o como si ya lo conseguimos. Cualquier cosa que se repite, al final forma parte de nuestro subconsciente.

El poder de la caridad. Muy rara vez se logra abundancia de algo sin ayuda de los demás o sin ayudar a otros, por consiguiente, destinemos una cantidad de nuestros ingresos a ayudar a los necesitados. Siempre que demos algo, se nos devuelve con creces. Ayudar a los demás graba en el subconsciente una sensación de abundancia.

REFLEXIONES QUE AYUDARÁN A CAMBIAR

La filosofía budista es, en realidad, un conjunto de fundamentos o principios específicos de formas de vivir con los cuales sentimos bienestar interiormente y ayudan a obtener paz espiritual. Profesemos cualquier religión. Practicar el budismo es algo complementario a la fe con la seguridad que no se opondrá a ninguno de los principios de nuestra religión, pues solo son consejos sobre cómo mejorar la calidad de vida (Rincón del Tíbet, 2015).

El dolor es inevitable. El sufrimiento es opcional, teniendo en cuenta que solo dañan aquello a lo que le damos importancia; entonces evitemos el sufrimiento inútil. Consiste en simplemente dar un paso atrás, desligarse emocionalmente y ver las cosas con otra perspectiva. Se necesita tiempo y práctica, pero, al final, merece la pena aplicar este principio. Recordemos que somos el resultado de lo que pensamos, pues está fundamentado y hecho de nuestros pensamientos.

Todo lugar es aquí y todo momento es ahora. Pensamos solamente en el pasado o estamos excesivamente preocupados por el futuro. Esto nos lleva a sobrevivir el momento presente y nuestras vidas pasan de largo sin ser conscientes. El budismo resalta el aquí y el ahora, pues dice que aprendamos a estar plenamente presentes y a disfrutar de cada momento, como si fuera el único (mindfulness).

Cuida el interior como el exterior. Todo es uno, pues para encontrar un estado de bienestar es imprescindible que mente y cuerpo estén en equilibrio. No nos centremos demasiado en el aspecto físico, sino, principalmente en el aspecto interior. El equilibrio ayudará a sentirnos plenos y conscientes del aquí y ahora, facilitándonos una plenitud emocional especial.

Debemos dosificar nuestros recursos. Para encontrar la paz interior, seamos conscientes de los potenciales personales (dones y talentos) y sepamos dosificarlos; de igual forma, los propios recursos. Es la única manera en que viviremos un auténtico crecimiento y evolución espiritual.

No hagamos a los demás lo que no gustaría que nos hagan. Se trata de una de las máximas del budismo, que resume casi todas las leyes y mandamientos morales actuales en la sociedad, pero que pocos practican. Esta reflexión es profunda y consiste en un exhaustivo conocimiento de nosotros mismos y una gran empatía hacia los demás.

No es más rico quien más tiene. Es más rico quien menos necesita. Nuestro deseo de tener más, tanto en el plano material como en el emocional, es la fuente de las preocupaciones y desesperanzas. Se trata de aprender a vivir con poco y aceptar aquello que brinda la vida en su momento. Eso llevará a una vida equilibrada, reduciendo el estrés y muchas tensiones. El desear más cosas, casi siempre, indica falta de seguridad, pues nos sentimos solos y necesitamos llenar esos vacíos. Sentirnos a gusto con nosotros mismos permite dejar atrás la necesidad de tener que demostrar algo. Debemos vivir una vida sencilla.

Para entender todo es necesario olvidar todo. Siempre estamos en continuo aprendizaje, sobre todo en la etapa infantil. El mapa mental en esta fase aún no está diseñado, lo cual nos hace abiertos a todo y a la capacidad de aprender y entender cualquier cosa. No sabemos juzgar, sin embargo -a medida que crecemos- la mente se llena de condicionamientos y normas sociales que indican cómo debemos ser, cómo deben ser las cosas, cómo comportarnos e, incluso, qué pensar interiormente.

Y esto nos vuelve inconscientes con nosotros mismos y nos perdemos en la maraña. Para cambiar y ver las cosas desde una perspectiva más sana, aprendamos a desligarnos de las creencias y hábitos e ideas que provienen de la mente y escuchemos nuestro corazón (intuición). Para ello, esta frase budista servirá para comenzar el proceso: *"En el cielo no hay distinciones entre Norte y Sur, son las personas quienes crean esas distinciones en su mente y luego piensan que son verdad"*.

ACCIONES QUE PERMITEN EVOLUCIONAR

Es muy importante cubrir las necesidades más de lo que creemos, pues si no nos valoramos estamos saboteándonos. Recordemos que es posible hacernos cargo de ellas y, al mismo tiempo, de los que nos rodean; pues, una vez que sean satisfechas, probablemente seremos capaces de ayudar a quienes más necesitan. Si esperamos que alguien más nos haga felices, dejamos de vivir la vida. Si disfrutamos es porque así lo decidimos, ya que elegimos serlo. Hagamos el cambio que queremos ver en el mundo, seamos felices con lo que somos ahora y dejemos que la positividad inspire nuestro viaje hacia el mañana.

La felicidad se encuentra dónde y cuándo decidamos buscarla; si lo hacemos dentro de las posibilidades que tenemos, es probable que la encontremos; y si indagamos algo diferente, por desgracia la encontraremos también. Si queremos avanzar en nuestra vida y crecer como personas, realicemos acciones y tengamos pensamientos que impulsen a progresar y desarrollar nuestro potencial. Mencionaremos algunas de esas acciones y pensamientos que deberíamos poner en práctica.

Vivir en el presente. El vivir el ahora mismo es algo maravilloso. Ahora es el único momento garantizado para nosotros, pues es vivir la vida y, lo demás, es solo sobrevivir. Así que no pensemos en qué cosas habrá en el futuro y en lo que sucedió en el pasado. Aprendamos a estar en el aquí y en el ahora, apreciando el mundo tal como es y valorando la belleza que posee (Lu, 2012).

Buscar en el silencio. Para saber quiénes somos en esencia entremos en una meditación o introspección profunda. Una vez que lo hagamos tendremos una mejor comprensión de dónde estamos ahora y cómo llegamos hasta allí; de esta manera, estaremos mejor equipados para identificar a dónde queremos ir y cómo llegar.

Enfrentar los problemas. Tengamos presente que no son nuestros problemas los que nos definen, sino la forma cómo reaccionamos ante ellos. Los problemas no desaparecerán a menos que tomemos acciones para solucionarlos, por eso hagamos lo que podamos cada vez que tengamos la posibilidad de actuar de acuerdo con lo que consideramos correcto y, también, seamos capaces de reconocer lo que hicimos. Solo es cuestión de dar pequeños pasos en la dirección correcta, diariamente, en forma permanente y, al sumar todas las acciones, veremos que los problemas se solucionan.

Valorar lo que somos, ahora. Aun cuando los tiempos sean difíciles, siempre es importante mantener las cosas en perspectiva. Tenemos dónde dormir, podemos escoger qué ropa usar, contamos con agua potable y, quizás, atención médica; podemos leer y caminar, etc. Algunos dirían que somos increíblemente ricos, así que recordemos todos los días y a cada instante estar agradecidos por las cosas que tenemos.

Ser honesto. Seamos honestos con nosotros mismos y con lo que hacemos, acerca de lo que es correcto y de lo que debemos cambiar, de lo que queremos y sobre quiénes deseamos ser. Siempre seamos honestos en los aspectos de nuestra vida, pues, queramos o no, solo contamos con nosotros mismos.

Ser genuinos. Cuando tratamos de ser diferentes, en realidad, perdemos a la verdadera persona que somos. Aceptemos a ese individuo dentro de nosotros y seamos la mejor versión de uno mismo en nuestros propios términos. Por encima de todo, seamos sinceros y, si no hacemos las cosas con un verdadero deseo, debemos dejar, evitar, renunciar y abandonar el proyecto o acción… salgamos de ahí.

Rodearse de personas adecuadas. Relacionémonos y frecuentemos más seguido con personas que disfrutemos, que nos amen y aprecien; que nos animen a mejorar en forma saludable, positiva y emocionante. Establezcamos y mantengamos contacto con aquellas que nos hagan sentir más vivos y que no solo acepten como somos, sino que también apoyen e incorporen sin condiciones a ese, *quien queremos ser*.

Establecer nuevas relaciones. Establezcamos relaciones con personas honestas que reflejen la persona que somos y la que queremos ser; por eso, elijamos amigos que estemos orgullosos de conocer, gente que admiremos y que muestren amor y respeto; que correspondan a nuestra amabilidad y compromiso. Para lograrlo, pongamos atención a lo que la gente hace, porque las acciones son más importantes de lo que hablan.

Nuevas amistades. Aunque la mayoría mantiene por largos periodos sus amistades, a veces no lo lograremos con los amigos que hicimos, pues las personas y las prioridades cambian. Algunas relaciones se desvanecerán y otras, crecerán. Apreciemos la posibilidad de nuevas relaciones, así como, naturalmente, dejemos ir a las que no funcionan o con las cuales no sintonizamos.

Valorar los propios errores. Es normal cometer errores, pues son aceptables; si no nos equivocamos de vez en cuando, significa que no nos esforzamos lo suficiente y no aprendemos. Tomemos riesgos, tropecémonos, caigámonos, levantémonos y volvamos a intentarlo. Valoremos que nos estamos impulsando, creciendo y mejorando. Los logros significativos se obtienen, casi siempre, al final de un largo camino de fracasos y muchos de ellos, quizás, sean el enlace que permitirá un mayor logro en el futuro.

Disfrutar de lo que tenemos. El problema es que creemos que seremos felices cuando alcancemos un cierto nivel en la vida, uno en el que veamos logros materiales. Desafortunadamente, se necesita tiempo antes de llegar allí y, al lograrlo, lo más probable es que un nuevo destino estará en mente.

De esta forma gastaremos la vida sin detenernos a disfrutar de lo que tenemos, así que tomemos un momento de tranquilidad todos los días -en cuanto despertemos- para apreciar dónde estamos y lo que ya tenemos.

Otorgar a las ideas y sueños una oportunidad. En la vida nunca tendremos seguridad de que algo que emprendemos funcione, pero estaremos completamente seguros de que "el no hacer nada" no funcionará. La mayoría de las veces solo tenemos que arriesgarnos y no importa lo que resulte, pues terminará de la manera que debería ser. Apostemos a ganador y alcanzaremos el éxito.

Confiar que estás listo. Pensemos que estamos listos para lo que venga. Tenemos todo lo que necesitamos en este momento para dar el siguiente paso, pequeño pero realista, hacia adelante. Así que aprovechemos las oportunidades que vienen y aceptemos los desafíos, que son regalos que ayudarán a crecer.

Festejar las victorias de los demás. Valoremos y expresemos lo que nos gusta de los demás y hagamos que se enteren de ello. Tener una apreciación de lo increíble que es la gente nos llevará a lugares productivos, satisfactorios y tranquilos. Así que seamos felices por aquellos que hacen progresos y celebremos sus victorias; y agradezcamos explícitamente por compartir sus dones y talentos, su tiempo y atención. Seamos compasivos y empáticos. Recordemos que lo que va, vuelve; y, tarde o temprano, la gente que animamos hará lo mismo con nosotros.

Mantener la esperanza. Cuando las cosas son difíciles y nos sentimos bajos de energía, tomemos unas cuantas respiraciones profundas y busquemos el lado positivo: pequeños destellos de esperanza. Recordemos que hacemos cualquier cosa y crecemos fuertes en momentos más difíciles; por eso, solo permanezcamos conscientes de las bendiciones y victorias. Todas las cosas en nuestras vidas están bien, por lo tanto, concentrémonos en lo que tenemos y no en lo que carecemos (Seamos resilientes).

Perdonarse a sí mismo y a los demás. Todos fuimos afectados por nuestras propias decisiones y por los demás, aunque el dolor de estas experiencias es normal y, a veces, se prolonga por mucho tiempo. Revivimos el dolor una y otra vez y tenemos dificultades para dejarlo ir. El perdón es el remedio. Esto no quiere decir que olvidemos lo que pasó, sino dejar de lado el resentimiento, el dolor, aprender del incidente y seguir con nuestra vida.

Ayudar. Interesémonos en las personas. Guiémoslas si conocemos un mejor camino, pues cuanto más ayudemos a los demás, más nos ayudarán. El amor y la bondad engendran amor y bondad, así sucesivamente.

Atender nuestros niveles de estrés. Reduzcamos la velocidad y respiremos. Démonos permiso para hacer una pausa, reagrupémonos y avancemos con claridad y propósito. Cuando estemos en nuestra mayor actividad, un breve descanso rejuvenecerá la mente y aumentará la productividad. Estas estancias cortas ayudarán a recuperar la cordura y reflexionar sobre las acciones recientes para que estemos seguros de que seguimos en línea con nuestros objetivos.

Valorar los pequeños momentos. En lugar de esperar a que grandes cosas sucedan encontremos la felicidad en las pequeñas que ocurren todos los días, como: tomar una taza de café, ir al cine, escuchar la radio, etc. Notar esos pequeños detalles de cada día hace una diferencia en la calidad de nuestra vida.

Aceptar las cosas imperfectas. Uno de los mayores retos para las personas que quieren mejorar es aceptar las cosas como son;

ya que, a veces, es mejor aceptar y apreciar el mundo y a la gente tal como es en lugar de que todo y todos se ajusten a un ideal imposible. No se trata de aceptar una vida mediocre, sino de aprender a amar y a valorar las cosas, aun cuando no son perfectas.

Trabajar hacia el logro de metas. Recordemos que el viaje de mil millas comienza en un paso. Salgamos y hagamos algo. Entre más duro trabajemos, más afortunados seremos. Mientras decidimos durante el transcurso de la vida, responder a nuestra vocación en algún momento, solo unos pocos trabajamos en ella; por eso, concentrémonos conscientemente para obtener un buen resultado final.

Ser responsable por la propia vida. Seamos dueños de las elecciones y errores que cometemos. Tengamos la voluntad de tomar las medidas necesarias con el propósito de mejorar a partir de esa realidad. Si no tomamos responsabilidad por nuestra vida, alguien más lo hará. Cuando lo hagan, nos convertiremos en esclavos de sus ideas. Somos los únicos que controlamos directamente el resultado de la vida. No será siempre fácil, pues cada persona tiene obstáculos; sin embargo, tomemos la responsabilidad y superémosla. No hacerlo es elegir una vida sin sentido.

Alimentar las relaciones más importantes. Traigamos la alegría verdadera y honesta a nuestras vidas y a las vidas de los seres queridos, simplemente diciéndoles con frecuencia regular lo mucho que significan. No somos todo para todos, pero podríamos ser todo para unas pocas personas. Decidamos quiénes tienen importancia, pues necesitamos con certeza un cierto número de amigos.

Concentrarse en lo que es controlable. No cambiaremos todo, pero si algo. No perdamos el tiempo, talento y energía emocional en las cosas que están fuera de control. Es una receta para la frustración, la miseria y el estancamiento. Invirtamos energía en aquello que relativamente está bajo nuestro control y actuemos, ahora.

Concentrarse en resultados funcionales. La mente debe creer antes de ser capaz de hacerlo. La manera de superar los pensamientos y las emociones destructivas es a través del desarrollo de pensamientos funcionales, que son productivos. Escuchemos nuestro diálogo y reemplacémoslos con pensamientos que tengan poder. Independientemente de cómo una situación parezca, enfoquémonos en lo que queremos que suceda y, luego, tomemos el próximo paso constructivo. No controlaremos todo lo que sucede, pero sí cómo reaccionamos.

Pensemos en positivo. Cómo pensamos es determinante, porque al hacerlo positivamente da una ventaja fundamental; por lo tanto, visualicemos éxitos y no fracasos. Evitemos gente y ambientes negativos. Somos lo que pensamos.

Decidir los propios sueños y objetivos. Seamos concretos a la hora de fijar nuestros objetivos; por ejemplo, no decir: "me gustaría empezar a hacer ejercicio este mes"; por el contrario, digamos: "empezaré a hacer ejercicios este mes". Hacer un plan detallado y completo.

Pasar a la acción. Los objetivos por sí solos no tienen sentido, si no se pasa a la acción para hacerlos realidad, por eso, simplemente ejecutemos sin vacilar. En el ejemplo anterior, compraríamos nuestra ropa de deporte, nos inscribiríamos en un gimnasio y controlaríamos los horarios y rendimiento.

Ser persistentes y constantes. A través de la disciplina y la persistencia logramos los objetivos y deseos, por lo tanto, luchemos por ellos en forma organizada y sistemática. No debemos rendirnos.

Ser valerosos e innovadores. No siempre la forma acostumbrada de hacer las cosas o como los demás responden es la mejor para nuestro caso. Seamos diferentes e innovadores. Tengamos ideas propias sobre lo que tiene éxito. No sigamos a la multitud.

Ser honrados. Tomemos la responsabilidad de lo que hacemos. Nunca hagamos trampas o mintamos y, cuando hagamos una promesa, mantengámosla. Cuando cometamos un error, admitámoslo. Recordemos que siempre aparecerá el pensamiento de hacer responsables a otros de nuestros desaciertos y, a través de esta actitud, solo nos disculpamos. Interpretar lo que pasa, mejor nos auto valoráremos (autoestima) y mejor adaptación al medio obtendremos. Toda actitud positiva, comienza por tener una autoestima saludable. (Molina, 2013).

Pensamientos. Los pensamientos negativos generan malestar y la forma cómo se manifiestan es a través de lo que conocemos comúnmente como ansiedad o estrés; pero, en cambio, los pensamientos positivos provocan lo contrario a nivel emocional. De este modo, si hacemos afirmaciones positivas, modificaremos el pensamiento a través del uso del lenguaje. Se trata de creer lo que decimos y que no solo nos quedemos con las palabras: "me quiero', "me valoro", "soy capaz". Para que algo se aprenda y quede en nuestra memoria (inconsciente), debemos repetirlo muchas veces. Impulsemos lo que queremos atraer y el pensamiento abrirá el camino emocional que ayudará a lograrlo.
Expectativas. Nos concentramos demasiado en lo que quisiéramos ser o en lo que hace falta y es, exactamente eso, lo que dificulta poner atención en lo que somos, en lo que tenemos y en lo logrado. Concentrémonos en lo que hacemos *diariamente y establezcamos pequeñas metas muy simples de alcanzar,* aparentemente sencillas, pero, que -al sumarlas- después de un periodo de una semana, un mes o un año veremos con objetividad

lo que se logró. Nadie sabe con exactitud lo que pasará de aquí a un año, sin embargo, si planificáramos a dónde queremos llegar, lo haríamos desde hoy dando pequeños pasos.

La mejor manera de no excedernos en nuestras expectativas y no frustrarnos es estableciendo pequeñas metas a corto plazo y, al hacerlas alcanzables, también incrementaremos nuestra confianza en cada paso logrado. Recordemos que las metas -a largo plazo- se obtienen con el logro de acciones que realizamos diariamente.

Voluntad. Encontraremos justificaciones para no hacer algo que necesitamos realizar, ya que nos sentimos decaídos, deprimidos, sin ganas y sin voluntad; a esta situación le sigue la acción del sueño o bloqueo mental haciendo algo que distraiga. Lo que ayudará a tener voluntad es imaginar lo que haremos, verlo terminado, imaginar los resultados y, luego, asociar esa imagen a los sentimientos que nos producirá. Prioricemos los pasos y visualicemos lo que sucederá.

Zona de confort. Permanecer en situaciones, que demandan el mínimo esfuerzo, nos lleva siempre a lo mismo; pues, cuando tenemos lo que queremos y necesitamos, está bien mantenernos en la *zona de confort*. Lo recomendable es -por tanto- salir de lo que nos rodea y con lo que nos sentimos cómodos. Perdamos el miedo a avanzar, a descubrir nuevos mundos y a buscar oportunidades que aporten nueva sabiduría. Cuando exploramos más allá de los límites que nos autoimpusimos, entramos en lo que se conoce como *la zona de aprendizaje*. Y la única forma de realmente vivir y dejar de sobrevivir es saliendo de la zona de confort; manteniéndonos, permanente y tercamente, en evolución.

La autoestima. Si consideramos lo que recibimos del mundo externo, desde que nacimos a través de nuestros padres, hermanos, familiares, vecindad, colegio, etc., es poco probable que tengamos un elevado concepto de nosotros mismos. A pesar de ello, aceptémonos. Confiemos plenamente en lo que hacemos, por eso cuidémonos, seamos autosuficientes emocionales, aprendamos a poner límites, realicemos autocrítica constructiva, sepamos que somos los únicos responsables, dediquemos un momento al día solo para nosotros y apostemos por el sentido del humor.

Es común que las personas se preocupen por la forma cómo los demás los valoran. Todos queremos ser valorados positivamente, pero asumamos que lo que nos define -como personas- y no con las opiniones positivas que tengan sobre nosotros o las críticas a las que nos veamos expuestos, sino nuestra propia valoración, la que hacemos de nosotros mismos. Eso se conoce como *autoestima* y se desarrolla verbalizando frases como: quiero, puedo y me lo merezco.

El sufrimiento es una opción. Superemos las relaciones tóxicas que tuvimos y que nos causaron miedos, malestares, frustraciones, pérdidas y heridas emocionales. Seamos conscientes que *el dolor es inevitable, pero el sufrimiento es opcional.* El pensar constantemente en borrar los recuerdos negativos solo provocará hacerlos más conscientes. Para que un malestar se supere, necesitamos aceptar que tenemos un problema y, luego, cambiarlo. Lo que sucede en forma negativa no se olvida, pero sí se supera.

Las críticas. Lo que diferencia que una crítica sea constructiva o destructiva es la intención con la que se dice, las palabras que se escogen y la manera de decirlas; pero, por destructiva que sea, si no se da importancia no se experimentará como ofensa. Así mismo, cuando seamos los que la formulemos, no nos apresuremos a la hora de opinar. Aclaremos el aprecio, basémoslo en el respeto y expresémoslo en el momento adecuado; además, consideremos que el otro tiene derecho a réplica. Resulta imprescindible comunicarnos y entendernos. La buena o mala comunicación marcará la diferencia entre una vida feliz o llena de problemas.

Para que la comunicación sea efectiva, y emocionalmente positiva, tengamos una actitud adecuada y centrémonos en un tema concreto, escuchemos con atención y expresémonos en forma clara y directa; digamos lo que pensamos y sentimos. También aceptemos las opiniones de otros y no demos nada por supuesto, preguntemos adecuadamente y seamos coherentes con lo que decimos y con lo que expresamos de una manera no verbal.

Inteligencia emocional en el trabajo. La *inteligencia emocional* describe la capacidad de una persona para percibir, evaluar y manejar sus propias emociones y las de los demás; aunque en el trabajo no hablaríamos de los sentimientos, sino más bien de la productividad y temas afines. En vez de fingir que las emociones no existen en el trabajo, aprendamos la forma de manejarlas para tener éxito y mejorar las relaciones con los compañeros y supervisores (Coleman, 2009).

Tomar más consciencia de las emociones. La consciencia de sí mismo es la base de la inteligencia emocional. Al obtener una mayor consciencia de los sentimientos, comprenderemos mejor lo que hace cuando estamos enojados, felices o tristes. Tal vez la otra persona involucrada, y la propia situación, provocará reacciones diferentes y contraproducentes.

Aprender a manejar las emociones. Se refiere a evaluar la razón de por qué nos sentimos de tal o cual manera y, si es el caso, lo que haremos para manejar -por ejemplo, la ira- de diferentes formas y sacarla en forma apropiada de nuestra familia o seres queridos; en consecuencia, debemos examinar por qué nos sentimos de esa forma y decidir realmente si merece la pena el enojo.

Motivarse para lograr objetivos y tener resultados. Cuando nos propongamos alcanzar objetivos, comenzaremos a animar a otros a hacerlo. La automotivación requiere trabajar con un sentido de esperanza, en lugar de un sentimiento de temor o miedo. La ansiedad no inspira a la gente a ser mejor y el optimismo produce la seguridad de lograr sus objetivos.

¿CÓMO MANEJAR EL ORGULLO?

Analicemos la forma cómo podemos evitar que el ego predomine cuando realizamos determinada acción, tenemos algún pensamiento o emoción. Cómo sentirnos ofendidos, la necesidad de ganar y tener la razón, ser superiores y tener más; y cómo terminamos identificándonos con nuestros logros.

Necesidad de sentirnos ofendidos. La conducta de los demás, en muchas ocasiones, inmoviliza; y, lo que ofende, debilita. Cuando buscamos razones para sentirnos ofendidos, fácilmente las encontraremos. Nuestro ego siempre convence que el mundo no debería ser como es. Aclaremos que no es malo disminuir la parte terrible del mundo, que se origina casi siempre por la identificación del ego; sin embargo, tengamos presente que el primordial objetivo es vivir en paz. Sentirnos ofendidos crea la misma energía destructiva que nos ofendió y nos lleva del conflicto al contraataque.

Necesidad de ganar. Es imposible ganar todo el tiempo y, por consiguiente, volveremos a sentirnos insignificantes y despreciables cuando perdemos o fracasamos. En realidad, no existen ganadores o perdedores en un mundo en el que compartimos la misma fuente; por eso, olvidémonos de la necesidad de ganar no aceptando que lo opuesto es perder. Ese es el miedo del ego. Adoptemos un papel de observador; solo miremos y disfrutemos todo, sin necesidad de ganar un trofeo.

Necesidad de tener la razón. El ego es fuente de conflictos, porque empuja a hacer que los demás se equivoquen. El espíritu creativo es bondadoso, cariñoso y receptivo. Está libre de ira, cólera, resentimiento y amargura. Ofrezcamos la posibilidad de que las personas se sientan mejor, diciéndoles que tienen la razón y agradeciéndoles por habernos encaminado hacia la verdad.

Muchas veces estamos dispuestos a morir antes de dejar tener la razón. Esta necesidad también es impulsada por el ego.

Necesidad de ser superiores. La verdadera nobleza no tiene nada que ver con ser mejor que los demás. Se trata de mejorar lo que éramos antes. Centrémonos en nuestro crecimiento. No hay nadie mejor que nadie. Tenemos el mismo origen y la misma fuente energética. Somos iguales ante Dios. No valoremos a los demás basándonos en su aspecto, sus logros, posesión u otras cosas impuestas por el ego. Sentirse especial siempre lleva a comparaciones.

Necesidad de tener más. El ego siempre insistirá en tener más y, cada vez que logremos algo, necesitaremos más; por lo que nos veremos luchando continuamente y la angustia, temor, ansiedad, estrés, ira, odio y envidia estarán presentes, inevitablemente.

Necesidad de identificarnos con nuestros logros. Puede parecer un concepto difícil de aceptar, si pensamos que nosotros y nuestros logros son lo mismo. Cuando nos apegamos a esos logros y creemos que conseguimos lo que queremos, quizás sea el peor momento, pues nos alejamos de la paz y de la gratitud hacia la fuente.

Necesidad de fama. La fama que tenemos no está localizada en nosotros, sino en la mente de los demás y, en consecuencia, no ejercemos ningún control sobre ella; de esta forma, si hablamos con cien personas tendremos cien formas diferentes de fama. Si nos preocupamos por cómo nos verán los demás, nos desconectaremos de la intención y permitiremos que otros decidan por nosotros.

Así funciona el Ego. Es una ilusión que nos separa de la verdadera intención; por eso, mantengamos el propósito, separándonos de los resultados y aceptando que lo que está dentro de nosotros es la esencia, el verdadero yo y la energía divina. Dejemos que otros discutan sobre nuestra fama, ya que -al final- no tiene nada que ver con nosotros.

Necesidad de ser orgullosos y arrogantes. La humildad es una de las virtudes y lo único que nos hará amar incondicionalmente a los demás, vivir felices y tener paz. La humildad ayuda a comprender y reconocer que todos somos iguales; por lo tanto, valora a las personas por lo que son y no por lo que tienen o no tienen; nos hace sensibles cuando nos equivocamos y nos capacita para reconocer errores y corregirlos. "La humildad es más que una apariencia, pues es una actitud de modestia sincera y permanente del corazón, que se vive y se demuestra en el día a día" (Álvarez, 2010).

Existen muchos que tienen la costumbre de referirse a la gente de bajos recursos económicos como "humildes", pero la verdad es que la posición económica no determina que seamos orgullosos o humildes. Vemos a personas en las calles pidiendo dinero y que son muy arrogantes y otras -muy sencillas- manejando un buen auto, usando un buen vestido o teniendo una excelente posición económica, social y profesional. También, hay otros vanidosos desempeñando un trabajo que no les gusta y que casi nadie quiere hacer; y otros humildes, en un buen empleo que muchos quisieran tener.

La humildad no elige, sino las personas la eligen. Al humilde se le abre las puertas de gente buena y sincera, con sentimientos tan iguales o parecidos a él; de esta forma, cuando hay atisbos de una relación sentimental, se atraen como consecuencia. No significa mediocridad, pero sí -necesariamente- implica sinceridad

CARACTERÍSTICAS DE LAS PERSONAS ESPIRITUALES

El cultivo de la espiritualidad hace reconocer que somos algo más que materia, que una parte nuestra está hecha de elementos intangibles, pero valiosos. En casi todos los casos la espiritualidad y el reconocimiento de lo sagrado en el mundo, permite ser agradecidos, generosos, pacientes y tolerantes; además de otras actitudes que, cuando se practican, redundan en nuestra propia felicidad.

Hacen ejercicio. Es sabido que el ejercicio físico libera endorfinas y otras sustancias neuroquímicas, que modifican la actitud frente al mundo, casi siempre otorgándonos una sensación satisfactoria de la realidad. El ejercicio disminuye el estrés y algunos síntomas de la depresión, además de mejorar las habilidades cognitivas y apreciar más a nuestro cuerpo.

La naturaleza los atrae. Una caminata de veinte minutos revitaliza tanto el cuerpo como la mente y el espíritu. De acuerdo con numerosos estudios, el contacto con la naturaleza despierta sensaciones de bienestar y felicidad en quien así lo experimenta.

Se muestran entusiastas. Cada persona tiene su propio ritmo de sueño y descanso, pero en todos los casos es importante dormir bien, porque repercute sobre el estado anímico y el bienestar corporal. Riamos tanto como podamos. Reír es más que una expresión, pues es una reacción química que libera sustancias que combaten el dolor y la tensión, fortaleciendo el sistema inmune; también el ejercicio físico, que ayuda a controlar el apetito y reducir el colesterol.

Ejecutan acciones para cambiar hábitos. Podemos leer mucha literatura sobre la importancia de cambiar los malos hábitos con relación a aspectos espirituales; pero es necesario tener pautas concretas de lo que hacemos -en el día a día- para realizar nuestra propia transformación. A continuación, mencionaremos algunas acciones a efecto de ponerlas en práctica (Evolución, 2015).

Cambios duraderos. Para que un comportamiento se haga habitual debe realizarse por lo menos durante treinta días. Caminemos -de diez a treinta minutos- todos los días y, mientras caminemos relajados, sonriamos. Solo al hacerlo, se hará costumbre y cambiará la imagen y el interior. Sentémonos en silencio -por lo menos diez minutos al día- y meditemos o solo descansemos la mente; cambiemos el ritmo respiratorio y, con eso, será suficiente para encontrar paz y tranquilidad.

Diariamente, tracémonos un propósito. Al levantarnos por la mañana, o al acostarnos, establezcamos un propósito, un gol, una meta; por más sencillo que sea seguir con la rutina de ejercicios o lectura, seamos claros y persistentes en ella.

Vivamos con las tres E. Energía, entusiasmo y empatía; esta última se refiere a sentir lo que otros sienten y ponernos en el lugar de los demás. Incrementemos lo que hicimos el año pasado. Leamos, meditemos, sonriamos y divirtámonos más.

Miremos alrededor. Atendamos (por lo menos una vez al día) al cielo, al paisaje, la naturaleza o un árbol; o cualquier cosa que haga contemplar lo bello que es el mundo que nos rodea. Hagamos sentir bien a los demás, que sonrían o se sientan acompañados; al menos, logrémoslo con una persona por día. Saludemos afectuosamente y expresemos, de alguna manera, el amor por quienes queremos.

Eliminemos o disminuyamos el desorden. Organicemos nuestra vida, el closet, el auto, la habitación, el escritorio, uno de los cajones que sabemos que está desordenado; al menos una vez por semana, dejemos que nueva energía fluya.

No gastemos el precioso tiempo en chismes. No hablemos cosas del pasado, bloqueemos pensamientos negativos o cosas que están fuera del control y concentrémonos en el presente. Dejemos de lado los juicios o prejuicios innecesarios.

Reevaluemos las cosas que nos ocurren diariamente. Consideremos que la vida es una escuela y estamos aquí para aprender. Los problemas son lecciones que van y vienen. Lo que aprendamos, nos hará crecer espiritualmente si lo pensamos de esta forma; de lo contrario, solo serán problemas y nada más.

No siempre tenemos que ganar. No necesitamos hablar mal de alguien para llamar la atención o quedar bien. Aceptemos que no estamos de acuerdo, pero que no necesariamente tenemos la razón; que no es importante sobresalir a costa de dejar mal a otros.

No nos comparemos. Cada uno tiene su propia evolución, sus propios aciertos y errores. Nada es casual. Todo es en beneficio del propio desarrollo evolutivo de la consciencia. Pongámonos en paz con nuestro pasado, dejando atrás cosas que harán menos pesado el camino presente.

Solo nosotros somos responsables. Nadie está a cargo de nuestra felicidad, excepto nosotros mismos. Recordemos que no tenemos el control de lo que ocurre, pero controlamos las respuestas y emociones; lo que otros piensan, tampoco lo controlamos. Todo está en evolución. Lo único permanente es el cambio y no importa qué tan bien o mal esté la situación, pues esta cambiará. Aprendamos algo nuevo cada día y pensemos que lo mejor, siempre, vendrá.

Aprendamos a decir no. Sigamos nuestra intuición y estemos seguros de que hacemos lo correcto y no cedamos ni aceptemos ser influenciados. Nuestro corazón es más inteligente que las emociones, pensamientos, sentimientos o deseos.

EL COMPORTAMIENTO DE LAS PERSONAS ESPIRITUALES

Muchos de los que siguen un camino espiritual terminan adoptando hábitos de comportamientos similares y hacen las cosas de manera diferente al resto, pues sus acciones y estilo de vida reflejan un nuevo nivel de consciencia. Es importante ser capaz de relacionarse con los demás teniendo un concepto espiritual sobre la vida, ya que nos hace sentir que no estamos solos en el camino y que no somos tan raros, después de todo.

Se necesita coraje para ser uno mismo en un mundo que está constantemente tratando de cambiarnos por lo que es reconfortante y tranquilizador saber que existen otros en el mismo camino espiritual. No tengamos miedo de permitir que las acciones o hábitos de comportamiento sean una extensión del espíritu libre (Tolle, 2012). Mencionaremos algunos de los hábitos más comunes de las personas espiritualmente conscientes:

Practican la meditación y/o el yoga. Uno de los aspectos más importantes de un camino espiritual es tener una conexión profunda con el universo o a través de la consciencia de uno mismo. Muchas personas usan la meditación, el mindfulness o el yoga para aumentar su sentido de unidad con el universo y para recibir la energía de la fuente. Algunos lo utilizan, simplemente, para separarse de sus pensamientos y emociones o para mantener un equilibrio entre lo interno y lo externo.

Ingieren alimentos orgánicos y dietas vegetarianas. Algunos miembros de la comunidad espiritual tienen conocimientos muy actualizados sobre nutrición. Encontramos a personas hablando de los transgénicos, el peligro de los plaguicidas y de la destrucción ambiental, de la agricultura, y del respeto por la vida animal. El cuerpo es un recipiente para el espíritu, por lo tanto, es natural que seamos conscientes de lo que ponemos en él.

Reducen sus gastos. Otro hábito de las personas espiritualmente conscientes es que, por lo general, se preocupan por el bienestar de la tierra: usando menos bolsas de plástico, productos de limpieza de la naturaleza, reciclando, etc. Biodegradable es el término más familiarizado. Algunos salen del sistema socio económico, fuera de lo que se conoce como la matrix, dejando de utilizar tarjetas de crédito y de comprar cosas innecesarias, inclusive cuando están en oferta.

Usan piedras energéticas o cristales. No es raro que las personas espirituales sean vistas usando una piedra energética, como el cuarzo transparente o amatista. Algunos las tienen en sus casas e, incluso, llevan cristales en sus bolsillos o carteras. Desde hace algún tiempo los cristales son ampliamente aceptados para trabajar con energía y muchos sienten que les proporcionan autocontrol o una conexión cósmica.

Practican la gratitud. La práctica de la gratitud, con frecuencia, es algo que se deriva de una conexión abierta con el universo. Ser agradecidos por la vida, día a día, es algo que nunca se escapa de la mente de quien está centrado espiritualmente.

Mantienen una actitud positiva. Los individuos conscientes tienen sus días malos, pero, en general, son más propensos a difundir el amor y no el miedo. Ellos no ignoran lo negativo, simplemente optan por no vivir allí; evitan el drama y la lucha (competencia), tanto como sea posible; por eso, cuando la gente empieza a despertar, se da cuenta que no tiene nada en común con sus viejos amigos.

Evitan ver noticias y la televisión. Muchos, espiritualmente conscientes, sienten que la televisión es una pérdida de tiempo. Se pasa mejor al aire libre, leyendo o explorando. Es una creencia general entre las personas despiertas, que los medios de comunicación suelen ser una máquina de promover el miedo y el consumismo. Algunos tienen cable o satélite y otros -ni siquiera- poseen un televisor en casa.

Prefieren colaborar antes que competir. Muchos espirituales, aunque puedan no estar totalmente de acuerdo en algo, adoptan una mentalidad: "estamos juntos en esto". El ego no es una prioridad y es poco probable la mentira y el engaño para salir adelante, sobre todo conociendo la ley del *karma*; por tal motivo, los espirituales están siempre dispuestos a cooperar y llevarse bien.

Evitan clubes y bares. Desperdiciar los fines de semana no es algo que a la gente espiritual le interese, mientras que otros pasan toda la semana deseando la noche del sábado para *"divertirse"* e ir a fiestas. Los espirituales prefieren tener una conversación en un grupo; o estar meditando, leyendo, escuchando música o cantando. Estos hábitos se ridiculizan -en algunas ocasiones- por la población en general, pues asumen que no tienen ningún valor, significado o trascendencia.

Escuchar con el cuerpo. Cuando excepcionalmente escuchamos a otro, no lo hagamos solo con la mente, sino con todo el cuerpo. Sintamos el campo de energía de su cuerpo interior, a medida que lo hacemos. Esto hace que apartemos la atención del pensamiento, creándonos un espacio de calma, que permitirá escuchar verdaderamente y sin la interferencia de la mente. Cuando lo practicamos, otorgamos un verdadero espacio a la otra persona: espacio para ser, y es una de las cosas más maravillosa que ofrecemos a nuestros semejantes.

La mayoría no escucha, porque su atención está ocupada en pensar. Atendemos más a lo que pensamos y no a lo que dice el interlocutor y, lamentablemente, no damos ninguna atención a lo que verdaderamente importa, que es el ser del otro, lo que hay atrás de las palabras y la mente; por supuesto que es difícil darnos cuenta de qué ocurre, pues no vemos el ser ajeno directamente, sino a través del nuestro.

Controlemos nuestras conversaciones internas. Solo cuando controlemos las conversaciones internas, cambiaremos nuestra vida. Nos referimos a esa voz que escuchamos permanentemente en la mente y que todo el tiempo nos habla; a veces dice: "tú puedes", otras "tú no puedes"; ambas fluyen simultáneamente y dan justificaciones y argumentos (te preguntas, te respondes, juegas con alternativas, te proyectas a adelantar resultados, regresas, vas y vienes); dan razones para abandonar o motivos para triunfar.

LA MEDITACIÓN Y LA NEUROCIENCIA

El enlace entre científicos occidentales y espirituales orientales lo realizó el Dr. Mattheiu Ricard, quien es biólogo y, al mismo tiempo, monje budista (40 años como monje budista contemplativo); es decir, tiene estas dos fuentes. Mattheiu es de origen francés, tiene un doctorado en bioquímica, trabajó para el Instituto Pasteur y obtuvo un Premio Nobel; y, luego, se convirtió en un monje budista tibetano.

En el año 2005 la Universidad de Wisconsin lo declaró el hombre más feliz de la tierra, después de participar en un estudio sobre neurociencia afectiva. Por el lado científico, estos estudios se refieren a la compasión y, desde el punto de vista espiritual, a la contemplación tan practicada por los budistas y monjes que llevan siglos utilizando la técnica de la meditación.

La felicidad es *una forma de ser* y no una sucesión interminable de placeres que terminan por agotamiento; por lo tanto, preocupémonos para que las futuras generaciones sean felices y por la forma cómo puedan llegar a ser mejores seres humanos; y, también, para que la sociedad permita el desarrollo de la naturaleza bondadosa que todo ser humano lleva por dentro. Si lográramos que las personas tuvieran más equilibrio emocional, desarrollaríamos una sociedad más compasiva y seríamos más felices y altruistas.

La ciencia resalta los beneficios de la meditación. Uno de ellos es que ayuda a convivir -con mente más clara y hábil- a la hora de manejar las emociones negativas, además de promover las positivas. En el ámbito personal Mattheiu participó en una investigación pionera sobre la neurociencia contemplativa. En esta investigación se estudió varios aspectos del amor altruista, de la empatía y de la compasión con objeto y sin objeto, relacionando todo con los fenómenos cerebrales. Se quería saber cómo se pasa de la benevolencia a la empatía (a identificarse con el que sufre) y, luego, cómo se experimenta la compasión (el deseo de que los demás no sufran).

Tambien estaba interesado en buscar un remedio para el sufrimiento y sus causas. Se cuestionaba si era necesario el sufrimiento del otro para sentir compasión o si solo era suficiente el amor altruista. Así mismo, quería estudiar el proceso, el funcionamiento y cómo se relaciona con el cerebro. Ricard y otros investigadores, en el año 2005, fueron sometidos a un riguroso experimento -con escáner cerebral- para medir las consecuencias de un tipo de meditación concreto en el que se genera un estado de amor y compasión puros, no enfocados hacia nada ni a nadie en particular. Los resultados mostraron niveles por encima de lo conocido hasta ese momento de emoción positiva en el córtex frontal izquierdo del cerebro; mientras que la actividad del lóbulo derecho (área relacionada con la depresión) disminuía la actividad de la amígdala relacionada con el miedo y la ira.

Otros estudios similares (que describiremos más adelante) demostraron que el nivel de atención de las personas que meditaban -los meditantes- es mayor que el del resto de la población y que pueden mantenerlo durante más tiempo. Pero la investigación fue más allá y trataron de ver qué ocurría con los meditantes novatos, y si había algún beneficio para ellos. Para comprobarlo, seleccionaron un grupo de empleados de una empresa, los cuales durante tres meses experimentaron treinta minutos diarios de meditación.

A lo largo del estudio reportaron un descenso en sus niveles de ansiedad y se apreció un incremento en la actividad de su córtex prefrontal izquierdo; es decir, de sus emociones positivas. Si bien estos resultados hacen ver que la meditación tiene excelentes beneficios, debemos afirmar que -para nuestra tranquilidad- no es necesario ser un monje, ni tampoco vivir en una cueva en los montes del Himalaya, pues solo basta un poco de disciplina para lograr cierto control mental e incrementar los niveles de felicidad en nuestra propia vida.

Para gran parte de la ciencia occidental, el ser humano es intrínsecamente malo (egoísta). No está de acuerdo con esa afirmación y resalta que hay un culto al egoísmo, concluyendo que es una distorsión a priori. Esto lo vemos en algunos enfoques sicológicos donde se plantea que somos y debemos ser egoístas, que por qué y para qué preocuparnos de los demás. Hay que sobrevivir, sin sentirnos culpables de no poder ayudar.

Esta actitud de ver las cosas lleva a una autodestrucción de la raza humana. Partimos de una premisa falsa, porque presupone que cualquier conducta o motivación que parece altruista tiene siempre una motivación egoísta de fondo y esta forma de evaluar la conducta humana, finalmente, se convierte en una especie de dogma.

Según el sicoanálisis, por ejemplo, prácticamente todo lo que hacemos está motivado por el inconsciente. Si intentamos ser buenos es a costa de algo. Esta negación del lado bueno de la naturaleza humana es terriblemente nociva. Los datos sociológicos demuestran que el altruismo verdadero existe. Nadie niega que, en ocasiones, también nos comportemos egoístamente y que, quizás, haya más personas egoístas que altruistas, pero esto no corrobora que el verdadero altruismo no existe.

La historia muestra el verdadero nivel de altruismo de algunas personas. Tenemos personajes que han rescatado familias en épocas de opresión. Podemos referirnos a los judíos durante la ocupación nazi. Hubo familias que intentaron protegerlos y los escondían en sus casas. No eran parientes, ni pertenecían a la misma religión ni al mismo grupo étnico, sino eran absolutos desconocidos y no podían esperar nada a cambio y, aun así, asumían riesgos enormes para sí mismos y para sus familias.

Cómo podríamos hablar en esas circunstancias de un gen egoísta, pues cuando a estas personas les preguntaban por qué habían brindado esa ayuda, su respuesta era muy simple: por supuesto que tuvimos que hacerlo, somos parte de la misma familia humana. ¿Cómo encontraríamos alguna motivación egoísta en esta situación? La naturaleza básica de la consciencia permite contenidos distintos, tales como el odio, el amor, los celos, la alegría; es decir, todos en realidad son conceptos mentales que se deben a diferentes causas y condiciones, pero la naturaleza fundamental de la consciencia no está determinada por el potencial de ir en cualquier dirección.

La consciencia básica está detrás de cada pensamiento y emoción, siempre está ahí y no está condicionada. Somos conscientes y, justamente eso, es lo que permite la transformación de la mente. En el budismo a esta actitud consciente se le llama "aspecto luminoso de la mente". Claro que es solo una metáfora, pues la mente no brilla en la oscuridad. Se habla de luz, porque es como una antorcha con la que se enfocan varias cosas y la luz no se ve modificada o se transforma por lo que ilumina. Si alumbra un montón de basura, no se vuelve basura; y si ilumina un montón de oro, no se vuelve más valiosa.

El estado mental determina el malestar interno y grado de felicidad. Pensamos, erróneamente, que la forma cómo interpretamos las cosas es lo que sucede alrededor. Así mismo, los sentimientos y pensamientos que se repiten a diario, de manera ininterrumpida, agradables o desagradables, son características propias de la naturaleza de la mente y terminamos creyendo que eso somos. La realidad es que cada imagen de esas emociones y pensamientos solo son proyecciones en la pantalla cerebral y no son parte nuestra. Esas imágenes no somos nosotros.

Los que meditan son capaces de percibir y enfocar su atención en lo que hay detrás del flujo del pensamiento, o sea, la claridad de la pantalla. Esto se denomina: "el aspecto luminoso de la mente" o, también, "consciencia pura", donde se establece la capacidad de conocer. Subestimamos la capacidad transformadora de la mente; sin embargo, entrenando la atención en dicha claridad logrará un estado de ecuanimidad o imparcialidad que evitará que las emociones y pensamientos nos controlen. Si conseguimos controlar y modificar la mente, cambiaremos el mundo interior y exterior. Esto se convertirá en una tarea más fácil para cambiar las circunstancias externas en que vivimos.

El ser humano necesita conseguir la libertad interior de todos sus procesos mentales y sentimientos de odio, celo, vanidad, arrogancia, deseo obsesivo (apego), etc. Y lo hará solo a través del altruismo y compasión que surgen de esa propia libertad. Necesitamos desarrollar una sociedad más compasiva, donde empecemos a vivir en amor; sobre todo ahora que nos sabemos interdependientes y que -si no cooperamos- somos perdedores. Impulsemos y mantengamos una sociedad que tenga consideración por los demás y que se preocupe por el prójimo. Si analizamos la realidad, veremos que la crisis es debido a que no nos interesan los demás. El ser humano solo controla y manipula al resto en beneficio propio, por eso la calidad de vida es cada día peor. Existe una brecha grande entre pobres y ricos, por eso cada vez hay más pobreza y miseria en el mundo. Se solucionaría con una actitud altruista, a mediano y largo plazo, con los recursos naturales que se tiene en el planeta.

Mattheiu participa en unos cuarenta proyectos comunitarios, que abarcan unos 15,000 niños, para los que construyó escuelas. Su objetivo principal es que -a través de la educación- se les convierta en verdaderos seres humanos, en personas que sean felices y que no se mantengan deprimidos. Él afirma que no es suficiente desarrollar su inteligencia y darles solo información, que lo más importante es incursionar en las cualidades humanas, formando personas buenas y equilibradas, con inteligencia emocional. Pero, lamentablemente, los objetivos de la educación están interesados en cualquier cosa menos en eso. Al preocuparnos en los contenidos académicos, solamente generamos herramientas. La inteligencia, que desarrollan los sistemas educativos vigentes, vendría a ser solo una herramienta que se puede utilizar de un modo constructivo, destructivo, o simplemente desaprovecharla; de este modo, una herramienta por sí misma, sin una intención, sin una actitud y sin un valor no es nada.

No experimentamos compasión por nosotros mismos, como seres aislados, pues surge en relación con el otro; tal vez la compasión sea la emoción que nos hace humanos por excelencia. Nuestra individualidad, de algún modo, se suaviza al constatar el dolor y la necesidad de los demás, promoviendo en el interior el deseo de ayudar. La naturaleza real del ser humano es compasiva y parte de su entrenamiento mental. Fomentemos esa valiosa y compleja emoción. El estudio de las emociones positivas, como la compasión, es muy reciente y cada día aumentan las investigaciones. La meditación es sumamente importante en el proceso de compasión, porque si se desea cultivar el altruismo con la mente siempre distraída no podrá hacerse, pues se dispersa, incluso cuando estamos sentados. A la mente se le suele comparar con la conducta de un mono inquieto, que salta de un lado a otro. Las neuronas hablan entre sí y, en realidad, necesitamos una mente más calmada, con más claridad y estabilidad; si no, no podríamos hacer nada.

DIFERENCIA ENTRE AMOR Y APEGO

Al igual que la felicidad, el amor desinteresado se ha vuelto tan extraordinario que dudamos de su existencia. El amor es uno de los valores más elevados que probablemente deseamos experimentar, desde el momento que nacemos hasta el día de nuestra muerte. El amor verdadero es la capacidad de respetar a los demás tal como son y ser capaces de dar sin esperar recibir algo a cambio. Solo el amor concebido de esta forma proporciona libertad y un espacio para crecer y expresar las verdaderas cualidades, como seres espirituales.

Pero cuando no mantenemos una distancia adecuada entre nosotros y aquellos a quienes amamos, en lugar de dar amor -desinteresadamente- empezamos a crearnos expectativas, demandas y sentimientos de posesión; es decir, cuando confundimos el amor con el apego -sin darnos cuenta- creamos dependencias con los demás (Thais, 2010). Las manifestaciones de esa dependencia o posesividad se expresan a través de nuestros sentimientos de temor, inseguridad, depresión, odio, celos, etc. que son las verdaderas causas del sufrimiento. Esta forma de amor no solo destruye la amistad y las relaciones en general, sino que nos hace perder el respeto hacia nosotros mismos y nos vuelve dependientes e inestables. Todos necesitamos amor y respeto, pero no se obtiene con tan solo pedirlo, esperarlo o considerar que es un derecho, sino que lo ganamos cuando somos primero quienes lo damos, pues cuanto más lo hacemos, con una actitud altruista sin esperar retorno, más recibiremos; de lo contrario, puede que demos mucho y no recibamos nada a cambio.

Cuando damos amor a alguien en particular, lo que hacemos es mezclarlo con dependencia y apego; es decir, queremos lo mejor para una sola persona, pero al dar amor bajo esas condiciones creamos expectativas. El problema, casi siempre, ocurre cuando la persona no acepta lo que le damos o no corresponde, entonces, los sentimientos cambian y entramos en estados de tristeza, melancolía, en fuertes estados depresivos o en ira incontrolable.

Debemos comprender una ley espiritual básica, la cual dice que no importa cuánto demos a lo demás, pues todo dependerá de cuánto ellos quieran tomar; por lo tanto, el primer objetivo es evaluarnos permanentemente sobre si hacemos lo correcto y si mantenemos los pensamientos positivos y sentimientos de cooperación hacia todos. No deberíamos preocuparnos por cuánto quieran tomar o no, ni culparnos si no toman nada, pues cada uno es libre de escoger para sí mismo lo que quiere hacer y hasta qué punto.

Así, en el amor y en el desapego, debe permitirse que en las relaciones exista un espacio suficiente para que cada uno se exprese con libertad, sin condicionamientos y sin sentirse influenciado ni presionado. Estas recomendaciones, aplicadas con sabiduría, permitirán relaciones saludables y verdaderamente estables.

La clave de la felicidad. Nuestro mundo, al ser creado por la mente, está lleno de sufrimientos y lo cierto es que solo nosotros podemos hacernos felices y todos los momentos presentes lo son, porque estamos en ellos. En el eterno presente, en el aquí y en el ahora, podemos ser felices y no importa con quién estemos o qué tengamos, pues podemos pasar de un momento a otro en la vida disfrutando plenamente. "Solo si no llevamos cargas emocionales del pasado, estaremos libres de preocupaciones, viviendo siempre el eterno presente" (OSHO, 2009).

Muchas veces creemos que la infelicidad que vemos alrededor y dentro de nosotros es el producto de la situación económica, el desempleo, las guerras, la soledad, etc., pero si ponemos mayor atención, veremos que esas no son las causas, porque -si se solucionaran- aparecerían otras situaciones que seguirían causando infelicidad. Al observar las cosas desde esta perspectiva, caeríamos en el error de definir al desapego como *carencia de ser* y veremos que no es así.

El problema es que la infelicidad la llevamos siempre. Sin importar dónde y con quién estemos, no podemos escapar de nosotros, pues está en nuestra programación, computadora cerebral o como queramos llamarla; en realidad, son las creencias, esas ideas que parecen tan espontáneas y naturales, pero que esclavizan y tiranizan. Es la mente la que produce infelicidad.

Si analizamos esto, veremos que el apego (adicción) es el que origina infelicidad. Es un estado emocional compulsivo en relación con una cosa o persona determinada, originado por la creencia que sin esa cosa o persona no es posible ser feliz. Nuestra mente, permanentemente, dice: "no puedes ser feliz si no tienes tal o cual cosa o si esa persona no está contigo; si tal persona no te ama, si no tienes un trabajo seguro; si no aseguras tu futuro, si estás solo, si no tienes un cuerpo a la moda, si los otros actúan así o asá; en general, no puedes ser feliz".

Nuestra mente está programada para demostrarnos constantemente, por una u otra forma, que no podemos ser felices y eso es falso. Todo es falso, porque podemos ser felices aquí y ahora. No lo sabemos, porque las falsas creencias y manera condicionada de ver las cosas nos llenan de miedos, preocupaciones, ataduras, conflictos y culpabilidad.

Si lográramos ver más allá de esa maraña, comprobaríamos que somos felices y no lo sabemos. No hay ningún momento en la vida en que no tengamos lo que necesitamos para ser verdaderamente felices.

Todas las cosas a las que no apegamos y por las que estamos convencidos de no ser felices, son precisamente los motivos de angustia. Lo que nos hace felices o infelices no son las situaciones que rodean, sino los pensamientos obsesivos que hay en la mente.

El apego es un estado emocional que tiene dos puntas: una positiva y otra negativa. La primera es el estado de placer y satisfacción, y lo experimentamos cuando logramos aquello a lo que estamos apegados; la segunda, es la sensación de amenaza y la tensión que lo acompañan, lo que nos hace vulnerables al desorden emocional y amenaza constantemente con destruir nuestra paz (Osho,2009).

Prestemos atención: si no se consigue el objeto o sujeto del apego origina infelicidad, y, si se consigue, solo produce un instante de placer seguido a corto o largo plazo por la preocupación y el temor a perderlo. La única forma de ganar la batalla contra los apegos será cuando renunciemos a ellos y cambiemos nuestra programación. Las cosas, situaciones o personas solo causan momentos de satisfacción, pero no de plena felicidad.

Recordemos que amar no es querer. Cuando queremos, lo que hacemos en realidad es poseer a la persona, le ponemos una cadena al cuello y nos atamos del otro lado. El amor solo puede existir en libertad, pero no se trata de elegir entre el apego y la felicidad. Lo que debemos hacer no es renunciar, sino comprender y tomar consciencia de que los apegos ocasionan sufrimientos; y, si alguna vez experimentamos el sentimiento de libertad, eso también será útil recordarlo en cada momento.

Eliminemos de nuestro repertorio. Eso de "qué feliz me haces" y/o "esto me hace feliz", pues solo nosotros mismos podemos hacernos felices y todos los momentos presentes lo son, porque estamos en ellos; nosotros somos felices, aunque acompañe esto o lo otro y pasaremos disfrutando la vida plenamente, sin llevar cargas emocionales del pasado, libres de preocupaciones y viviendo el eterno presente.

Los apegos surgieron de mentiras que llegaron desde el núcleo familiar, cultura o sociedad y -en ocasiones- de nosotros mismos y de nuestra programación; simplemente observemos cómo muchísimas personas viven sin eso que suponemos hace felices y, si revisamos nuestro pasado, encontraremos algo que en un momento dado creíamos insustituible y el tiempo demostró que no era así, pues en el presente ya ni lo recordamos.

El verdadero cambio se produce únicamente cuando comprendemos y nos "desprogramamos" de los datos recibidos de nuestra cultura: ideas, creencias, miedos, hábitos y apegos. Esos son los muros de nuestra prisión, y lo que hace procesar e interpretar toda información que llega. Analicemos uno por uno, ya que el camino no es renunciar, ni tampoco solo asumir una actitud positiva o poner mayor fuerza de voluntad. No se trata tampoco de luchar arduamente con el mal, pues la solución es simple: debe importar y considerar el bienestar de otras personas.

Por supuesto que existen otras culturas y personas que viven perfectamente sin las creencias de las nuestras; por lo tanto, no es nuestra cultura la única dueña de la verdad y tampoco lo son nuestras ideas; por ejemplo, cuando conocemos a alguien, lo etiquetamos como simpático o desagradable, triste o tonto. Eso seguiremos viendo, ya que esa es la forma como nos enseñaron a etiquetar. Vemos a las personas de acuerdo con la idea que tenemos, no como en realidad son, pero los otros tienen una idea diferente; por lo tanto, nuestra percepción o ideas no son las únicas verdaderas.

Del mismo modo, reaccionamos como fanáticos a lo que ponga en tela de juicio nuestras creencias; nos asusta el fanatismo de otros y eso es lo que nos hace defender las falsas creencias. Observemos las consecuencias de los fanatismos extremos, pues se basan en creencias tan arraigadas que no permiten la entrada de opiniones diferentes.

Pongamos otro ejemplo referente a nuestros miedos. Si supiéramos que van a matarnos, no dejaríamos de pensar en eso y, en consecuencia, fijamos la mente solamente en ello; y si lo hacemos así, nos concentramos tanto en nuestros miedos que olvidamos vivir, no podemos ser felices, nada podría alegrarnos y veríamos todo desde el lado más oscuro. Lo peor de los apegos o ataduras es que son la puerta por donde entra todo lo negativo.

Recordemos que la energía sigue al pensamiento y, si estamos en un constante negativismo, no pueden manifestarse las personas y situaciones positivas. Si la mente siempre está en un laberinto de terror, es eso lo que lamentablemente atraeremos; luego, se encargará de hacernos ver que aquello malo que pensábamos sucedió. Lo que no dice es que la propia mente lo creó a través de pensamientos obsesivos.

El miedo hace la combinación perfecta para que se manifieste lo que tememos, ya que combina pensamiento-sentimiento-palabra. Entonces, nuestra tarea es cerrar esa puerta y abrir la del amor, que es la opuesta al temor y, poco a poco, perderá fuerza. Siempre vigilemos aquello que activa los apegos, pues recordemos que son el motivo del sufrimiento. Si sabemos eso, no le demos poder a nada externo.

Tenemos costumbres y hábitos que, de tanto ponerlos en práctica, son una rutina automática. Esa es nuestra parte robot que sirve para realizar actos mecánicos y no para valorar la vida, sino para sobrevivirla. Como apreciamos, el mundo al que amamos y en el que nos relacionamos es recreado por la propia mente y tiene poco que ver con la realidad. Como lo hemos mencionado, la clave es comprender y tomar consciencia, entonces, lo que esclaviza pierde poder y la propia creatividad reemplazará -ineludiblemente- al robot mecánico, rígido y falto de vida que hay en nosotros.

Solo en la medida que seamos capaces de ver a alguien, tal como verdaderamente es aquí y ahora, no como en la memoria, en el deseo o en la imaginación, podremos realmente amarla. Las diferentes culturas dan un valor distinto a las cosas, por tanto, ningún valor externo a una cultura es real o absoluto. "Los que alcanzaron la iluminación comprenden que un diamante no es más que una piedra, a la que la mente humana le dio un valor" (Thais, 2010).

Redescubrirnos a nosotros mismos es, simplemente, redescubrir la vida en plenitud que podemos alcanzar; y esto lo loagraremos solo si eliminamos las rejas de la prisión subjetiva, que nos impusimos o aceptamos. El mundo requiere de "nuevos" seres humanos.

Compasión, amor y sexo. Nuestra verdadera esencia, como seres humanos, es la compasión. Es lo único que nos hace diferentes de otros seres vivos sobre el planeta. Y la verdad es que no aprendimos a compartir nuestro *ser*. Una de las terapias más naturales es la compasión, porque es terapéutica y las enfermedades se deben a la falta de amor. Los conflictos internos están relacionados de una u otra forma con el amor. Es el verdadero origen de las enfermedades y crea todo tipo de problemas. El amor es el alimento del alma, así como la comida lo es del cuerpo.

La única forma de estar seguros de que tenemos un alma es a través del amor. Llegamos a sentir que somos más que un cuerpo y una mente. Para entenderlo, primero establezcamos las diferencias entre la compasión, el amor y el sexo. La compasión es la forma más pura del amor y el sexo es lo más elemental del amor mismo. En el sexo el contacto es básicamente físico, mientras que en la compasión principalmente, espiritual; pero en el amor la compasión y el sexo se juntan. El amor está a medio camino entre el sexo y la compasión. A la compasión se le puede llamar empatía, identificación, devoción o, también, una forma de meditación, pues es la forma más elevada de energía.

En la relación sexual utilizamos a la otra persona y la reducimos a un medio para obtener satisfacción y/o relajarnos; por último, la utilizamos como si fuera un objeto. Por eso, en la relación sexual puede haber un sentimiento de culpabilidad que no tiene nada que ver con las enseñanzas religiosas o creencias. Siempre habrá un sentimiento de culpabilidad en una relación sexual, cuando reducimos al otro ser a una cosa, a una mercancía para ser usada y desechada. Por esa misma razón, también sentimos cierta esclavitud en el sexo, porque al igual que la pareja nos reducimos a un objeto. Nuestra libertad desaparece, porque no nos sentimos libres. Al ser mejores, más libres nos sentiremos y viceversa: cuanta más cosa seamos, menos libres.

Para el mundo material el futuro está cerrado. Una roca seguirá siendo una roca, pues no tiene potencial para crecer y no puede cambiar ni evolucionar; en cambio, una persona nunca permanecerá igual, pues puede enfermarse, caerse o levantarse, caminar o correr.

LA FELICIDAD NO ES BIENESTAR

Seríamos felices si viviéramos disfrutando la vida, pero lo que hacemos es solo sobrevivir en lugar de vivirla en plenitud y en unidad. Pasamos los días en simples actos de sobrevivencia, a la defensiva, con mucha ansiedad, depresión, miedos y temores; sin embargo, la experiencia de vivir debe estar basada en una confianza absoluta, sin quejas, sin preferencias y sin elecciones, seguros que lo que ocurre en nuestra vida lo estamos autogenerando desde lo que realmente somos, desde nuestra esencia y no desde la mente, como lo hace la mayoría.

Solamente una confianza absoluta en la vida genera una completa aceptación. No como sinónimo de resignación, pues no se trata de aceptar la forma y las condiciones en las que vivimos, porque no tenemos otra alternativa. El concepto de aceptación al que nos referimos tiene como elemento subyacente el convencimiento y la sabiduría íntima. Esas experiencias, hechos, situaciones, personas, circunstancias, alegrías, tristezas, salud o enfermedad que atraemos (creámoslo o no) son para impulsar el proceso evolutivo de consciencia y para recordar lo que somos y a lo que venimos.

Esa es la razón y motivo de las experiencias que aparecen en la vida. No se dan por casualidad, pues -como ya dijimos- las autogeneramos. Esa creación invita continuamente a contemplar la vida en su auténtica dimensión, como un milagro; un milagro que lo abarca todo; un milagro inimaginable: la vida misma. La vida es una y no puede ser fragmentada, pues no la podemos dividir. Es costumbre decir: "esto sí, pero esto no; esto me gusta; con esto sí estoy de acuerdo". La verdadera confianza en la vida es aceptarla en su totalidad, como unidad. Solo esa confianza hace que nazca en el corazón una aceptación, que lleve a vivir sin ningún tipo de quejas.

Cuando nos liberamos de las quejas, los juicios, las etiquetas, las opiniones, los criterios y los paradigmas es el momento en que aparece el verdadero ser; sale a flote y se pone de manifiesto. Y cuando ocurre, la única manera de describirlo es como felicidad, que difiere del concepto que teníamos. Al hacer de la vida un acto de supervivencia, *confundimos la felicidad con el bienestar*. Por supuesto que el bienestar se busca fuera y sobreviviendo; y, por lo tanto, lo que hacemos es constantemente escrutar situaciones, momentos, circunstancias y experiencias de bienestar; pero haciéndolo de esa forma hallaremos, además de bienestar, experiencias que la mente las califica de buenas y a otras como malas o de malestar.

Bajo la percepción de la mente, nos gustan las experiencias de bienestar y evitamos las otras. Caminamos por la vida en un intento de vivir de esa forma. A eso reducimos la vida y le llamamos vivir, pero vivir no es eso, porque -si lo hacemos- buscamos fuera algo que ya tenemos, pues desde que nacemos ya somos felices; sin embargo, gastamos esfuerzo y energía en buscar fuera. Cuando lo hacemos, encontraremos un sinnúmero de circunstancias que, bajo la percepción de la mente, son de absoluto bienestar (felicidad) o de malestar (sufrimiento). De este modo lo que atraemos es solo sufrimiento.

La realidad es que la felicidad no tiene nada que ver con el bienestar. La felicidad es el estado natural de lo que en realidad somos y no hay que buscarla en ningún sitio, porque ya la tenemos. Cuanto la busquemos fuera, más nos alejamos de ella y nos metemos en una dinámica dicotómica de malestar-bienestar, que, finalmente, generará sufrimiento. Cuando nos tranquilizamos y aquietamos, cuando llevamos a cabo una vida sencilla, normal, como seres humanos compartiéndola con los demás, sin pretensiones y sin metas que no sea el propio hecho de vivir en bienestar común, será la forma cómo percibir en el interior lo que denominamos legítimamente felicidad.

La felicidad no requiere una causa, pues no hay una que la genere, provoque o motive; en cambio, el malestar y el bienestar sí; por consiguiente, al ser encausada no la perderemos, ya que nada la eliminará. Es lo que somos y es nuestro estado natural. Nosotros tenemos varias reencarnaciones, esforzándonos en ser perfectos y lograr la iluminación; pero la verdad es que la vida no requiere ningún esfuerzo y cualquiera que generemos es provocado por la interpretación de la mente acerca de la vida, y así no es en realidad. Todo eso es una mentira fabricada por la mente.

Lo que realmente somos es espíritu, consciencia, amor y energía cósmica, según cada uno considere a sus creencias. Nos referimos a que cuando el organismo -yo físico, mental y emocional- no funcione, seguirá vivo. Es lo que somos: infinitos, eternos, divinos; y, desde eso, no hay esfuerzo que valga, pues somos todo, ya tenemos todo y vivimos en este plano por elección propia. Estamos encarnados por propia decisión, para disfrutar de la experiencia humana y para vivirla.

Siempre sufrimos cuando nos proponemos metas. Tenemos que aceptar que todo es exactamente como tiene que ser, pues son procesos evolutivos de la consciencia; y cada uno se encuentra en su propio nivel y estado de consciencia. Todo tiene su por qué y para qué, pero está en clave, pues -al tener libre albedrío- solos decidimos y nada ni nadie tomará decisiones por nosotros. Lo que ocurre en la vida son experiencias que autogeneramos, no por casualidad, sino porque son coherentes con los estados de consciencia, que impulsan a nuestra evolución espiritual.

El concepto de cambio es un invento y una ficción de la mente. La realidad es que no hay cambio, sin embargo, lo que hay es *evolución,* porque formamos parte de la naturaleza, de la que somos un componente y a la cual pertenecemos: ella no nos pertenece. Nos encontramos con una evolución constante: de las estaciones del año, del día y la noche, la vida y la muerte; entonces, la repetición y la evolución van de la mano.

Hay evolución constante y a mucha velocidad; sin embargo, al estar tan preocupados en sobrevivir, no nos damos cuenta de que todo está en evolución, moviéndose constantemente e inventamos el concepto de cambio, pero, en realidad, no hay nada que cambiar, pues nada es permanente. La falta de permanencia es la regla, en consecuencia, las cosas llegarán cuando sea oportuno y corresponda que lleguen.

SENTIMIENTOS Y ENFERMEDADES

El sentimiento de culpa se programa en forma inconsciente y condiciona nuestras vidas. Nos hace vivir situaciones de castigo, sacrificio y sufrimiento; en ocasiones, respondemos con conductas autodestructivas, lo cual conduce a aparentes fracasos repentinos e inexplicables y, por tanto, perdemos relaciones valiosas, oportunidades laborales y situaciones que conducirían al éxito. La culpa limita a una existencia con escaso amor y conduce a una vida desordenada. Crea resentimientos que no olvidaremos, porque siempre están presentes como una amargura crónica; a veces, podemos verla como una exagerada vulnerabilidad a las críticas o como actitudes negativas, que destruyen y paralizan.

La culpa es una forma particular de sentir miedo. La desarrollamos desde la niñez; bloquea el desarrollo emocional y causa problemas, incluyendo la salud física. Cuando la superamos, nos sentimos libres y volvemos a sentir la alegría de vivir. La mayoría almacena dolor en el inconsciente y ese sufrimiento escondido es responsable de los malestares y enfermedades sicosomáticas.

A veces no sabemos la razón por la cual nos sentimos culpables y, en ocasiones, asumimos la responsabilidad de las dificultades ajenas y nos limitamos a no actuar para no causar daño a los demás. Culpamos al mundo de las dificultades que tenemos. Al final, lo que logramos es una culpa neurótica, término que se utiliza para definir la adicción de sentirnos culpables. En realidad, lo neurótico es la condición en que se enseña a sobrevivir en este mundo. Los sentimientos más desarrollados en la etapa infantil son el miedo, la desvalorización y la culpa.

Todos deseamos tener paz y tranquilidad, aprender a desprendernos de la negatividad y de la culpa acumulada en el interior; y la única forma de hacerlo es liberándonos de los bloqueos. Alguien que haya experimentado amor en sus primeros años de vida tendrá la posibilidad de sentir menos miedos y un mayor potencial para crecer y desarrollarse en forma apropiada; pero, a casi todos, nos educaron con el miedo y la culpa.

Uno de los bloqueos más comunes es la llamada "fidelidad familiar"; es decir, por una culpa de la que nunca fuimos responsables. Y continuamos aceptando los mandatos, creencias y limitaciones que enferman e impiden ser consecuentes con lo que pensamos, sentimos y hacemos. Los padres culpan a sus hijos de su infelicidad y desaciertos, como -por ejemplo- escuchamos: "por tu culpa, hijo, no terminé mi profesión; por tu culpa, hijo, me casé con tu mamá; por tu culpa, hijo, desheredé", etc.

Es una culpa que bloquea los sentimientos y silencia, y la única manera de enfrentarla es a través del aparente olvido; sin embargo, en algún momento de la vida se manifestará bajo la forma de algún síntoma o enfermedad para reparar y sanar las heridas y, de esta forma, recuperar el estado de salud. La auto condena, la auto invalidación y el miedo son sentimientos y emociones que caracterizan a las personas muy rígidas, intolerantes y perfeccionistas; por otro lado, existen personas que viven culpando al mundo, y a quienes los rodean, de sus propios desaciertos y limitaciones. Solo tienen la esperanza de ser valorados como víctimas, colocando a la otra parte del mundo en el lugar del enemigo.

Viven con un alto costo emocional, porque no se dan cuenta de la pérdida de su libertad, de su propia debilidad e impotencia en la que coexisten. Viven lamentándose del pasado y temiendo el futuro; además, se muestran incapaces de experimentar alegría en el presente y viven aferrados al dolor, porque hay una culpa inconsciente, permanente, que no los deja. Tanto culpar como auto culparse son dos caras de una inmadurez interior. Es una sensación constante de minusvalía, que hace crecer como no merecedores e indignos de una vida rica y plena. Es un estado que disminuye la capacidad de amar y de confiar en los demás.

Cuanto menos nos valoremos y respetemos, por dentro nos sentiremos más pequeños e infelices. Para compensar la carencia, conlleva a tener mayor necesidad de poder, dinero y apariencia.

Nos castigamos y seguimos haciéndolo por ignorancia y, sobre todo, por falta de educación. El egoísmo es la incapacidad de aceptar a otros tal como son y con sus diferencias. Nos conduce a manipular la vida de los que queremos y los atamos a la sensación de culpabilidad, porque no cumplen con las expectativas. El egoísta busca su propio beneficio e, incluso, su propia felicidad es traficada, robada, coaccionada y negada.

Madurar es dejar de inculpar, dejar de ser víctimas y convertirnos en maestros de nuestras propias vidas; es ser conscientes y hacernos responsables de cada pensamiento, palabra y obra que generamos. Ser maduros nos convierte en creadores y cocreadores; de esa manera, enriquecemos, apoyamos y estimulamos la vida de nuestros semejantes. Muchos creen que hacen las cosas por amor a los demás y, en realidad, las hacen como consecuencia del desamor que se tienen a sí mismos. Viven sus vidas al margen de sus sentimientos.

Despertar y recuperar la dignidad devuelve el poder de tomar decisiones. Finalmente, solo nosotros somos responsables de cómo queremos vivir. En cada momento elegimos acciones que determinan el futuro. El auténtico perdón y la verdadera reconciliación son con uno mismo y es -también- el acto de amor hacia aquellos que nos hicieron daño.

Cuando sanamos internamente, también lo hacemos en nuestra relación con el mundo. Descubrir las continuas oportunidades de crecimiento que se presentan en la vida cotidiana es un verdadero don y un grato placer de crecer para trascender. Vivir en sencillez y simplicidad es llegar a la verdadera madurez. Más maduramos, más simples y profundos nos volvemos. Y es donde la gratitud y la alegría brotan espontáneamente, como cualidades intrínsecas de nuestro propio ser.

Amar a nuestro niño interior. Lo que experimentamos en cada etapa del desarrollo no desaparece y se mantiene dentro, pues está en la memoria. Los temores, ansiedades, fobias y depresiones se forman en la niñez, bajo algún mecanismo de condicionamiento o aprendizaje. Estas creencias -que aprendimos cuando éramos niños- aun las tenemos en el interior y las mantendremos si no empezamos a elogiar a ese niño que tenemos dentro. Lo que ocurrió en la infancia no es culpa de los padres, pues hicieron lo que creían correcto en su debido tiempo y bajo determinadas circunstancias. Sea que nuestra infancia o adolescencia fue buena o mala. Solo nosotros somos responsables del futuro.

No podemos vivir toda la vida culpando a los padres o al entorno, pues lo único que conseguiremos es mantenernos estancados en hábitos de víctima. J. Bradshaw -en 1988- afirmó que, cuando llegamos a adultos tenemos unas 25,000 horas de grabaciones de los comentarios de nuestros padres y que la mayoría son afirmaciones negativas sobre nosotros mismos o negaciones a todo; es decir, un no para todo y en todas sus formas, y que también tenemos grabado la palabra "deberías"; por consiguiente, lo que hacemos cuando somos adultos es repetir dichas grabaciones subconscientemente, cuando podríamos borrarlas y volverlas a grabar de otra forma. Para tener libertad de ser nosotros mismos es necesario que demos esa misma libertad a los demás. Cuando obligamos a los padres a ser lo que no son, solo bloqueamos nuestro propio amor. Los juzgamos de la misma forma como ellos hicieron con nosotros; entonces, si deseamos comunicarnos verdaderamente con ellos es necesario que erradiquemos los prejuicios sobre su forma de actuar y ser.

Amar nuestra vejez. La mayoría de las personas temen envejecer y, sobre todo, lo que más les preocupa es "parecer viejos". De este modo hacemos de la vejez algo terrible y poco atractivo, pero en el fondo sabemos que es un proceso natural y normal de la vida, pues, si no nos hacemos viejos, la alternativa sería morir. Se angustian y se deprimen cuando piensan en la vejez; y, una de las cosas que más asocian con ella, de forma inconsciente, es estar enfermos.

Casi siempre imaginamos estar enfermos y morir, pero no es imprescindible y necesario que para morir tengamos que enfermarnos. Existe mucha información sobre cómo mantenernos sanos hasta que llegue el momento de dejar este plano; es decir, morir. Existe un reloj biológico que está en la mente y controla cuándo y cómo empezamos a envejecer, y está regulado por la actitud hacia el hecho de hacerse viejo (Hay, 1992).

EL SUFRIMIENTO

El sufrimiento y la dependencia emocional constituyen una seria enfermedad y es necesario desarrollar otras formas de educar con estilos de vida que permitan crecer en ambientes felices y *con salud emocional*. Los sistemas educativos ignoraron completamente la necesidad de incentivar el potencial humano, lo que evitaría medicamentos o tratamientos farmacológicos para solucionar problemas emocionales. Experimentamos diversos y frecuentes cambios en los estados emocionales; desde un simple sufrimiento de baja intensidad, hasta una grave manifestación emocional de pánico o temor paralizante. Realmente, el grado en que suframos no es lo importante, sino que el problema real está en sí mismo, ya que cualquiera que sea se abordará y solucionará desde una perspectiva totalmente diferente.

Para cambiar el enfoque es necesario que aprendamos a reconocer el sufrimiento y saber quién tiene la responsabilidad sobre esa emoción; pero se hace casi imposible, debido a la falta de educación emocional y al paradigma sicológico y médico vigentes, donde principalmente lo que hacen es rotular o etiquetar y, luego, a través de ese diagnóstico (ansiedad, fobia, depresión, histeria, bipolaridad, etc.), nos someten a interminables y dudosos tratamientos, que solo hacen que el problema continúe o se agrave. Los mecanismos de las diferentes emociones es el mismo para todos y no existe diferencia entre una emoción y otra, pues es el afán clasificatorio de la mente el que pretende distinguirlas: rotulándolas, clasificándolas y dándoles diferentes adjetivos que causa confusión. Conlleva a pensar que son muchas causas y emociones y que la situación es compleja. Es completamente falso.

Reconocer el sufrimiento. Nuestras creencias familiares y sistemas educativos enseñaron a pensar que el sufrimiento es innato en el ser humano y, por lo tanto, no hay nada que se pueda hacer, salvo adaptarse haciendo uso de la **resiliencia;** es decir, activando la capacidad para sobreponernos ante la adversidad. Si prestamos atención, existen frases que heredamos de nuestros padres y abuelos y repetimos inconscientemente, como si fueran verdades absolutas, tales como: "la vida es la escuela del dolor", "el amor es sufrimiento", "la felicidad es una utopía", "la letra entra con sangre", "mientras más se sufre más se aprende", "soy como soy y a mi edad nadie me cambiará" y muchas otras expresiones.

Son creencias que inmovilizan y solo conducen a la resignación y a la desesperanza. El problema mayor es que forman parte de la forma rutinaria y casi natural de pensar. "No tenemos la menor duda sobre dichas creencias, pues se convierten en leyes con las que interpretamos la vida". (Rivadulla, 2009).

La mayoría, al empezar un diálogo, lo hace con argumentos que distraen la atención de lo verdaderamente importante, pues se nota una cantidad inmensa de rabia, ira y dolor que, por increíble que parezca, estamos tan acostumbrados que no somos capaces de identificarla y menos de medir o calcular sus efectos.

Solo siendo auto contemplativos y realmente sinceros seremos conscientes de esa realidad interior, que no se manifiesta. Reconozcamos que algo no va bien y tratemos de averiguar qué es. A esto se le conoce como nuestras **sombras** (lo que guardamos y no queremos ver), donde encontraremos las respuestas que necesitamos. Un ejercicio muy eficaz para obtener respuestas es formularnos las preguntas: ¿soy feliz? y ¿estoy en paz? Podemos definir o justificar de muchas formas lo que encontremos, pero, en el fondo, lo que no sea felicidad o paz es sufrimiento. Cuando entremos en este proceso de encontrar las respuestas, recordaremos que es un ejercicio de observación y, por lo tanto, no es necesario que lo justifiquemos ni cuantifiquemos, ya que solo debemos identificarlos y ser conscientes.

Reconocer la responsabilidad. Lo primero que se recomienda es equilibrar las emociones. La sinceridad y la responsabilidad son dos de esas actitudes que necesitamos equilibrar y cambiar. Nunca se nos enseñó a plantearnos una solución a la continuidad del sufrimiento y, peor aún, ni siquiera mencionaron que esa posibilidad existe. Nuestras exigencias emocionales hacen ver cosas que no son, pero que parecen ser y que solo es el secuestro al que nos someten las propias emociones, en el mismo instante en que la dificultad se manifiesta. Esto nos confunde y relacionamos el problema con las circunstancias que lo provocan y, principalmente, con las personas que están presentes en el momento que enfrentamos una dificultad o contradicción.

Pero, en realidad, el problema no está en las vivencias, sino en cómo las interpretamos y, si lo hacemos con dolor, tenemos el sufrimiento asegurado. Aceptemos definitivamente que la culpa no está en los otros, en las circunstancias, en la mala suerte, en la envidia o en la cólera gratuita que nos tienen, como estamos acostumbramos a creer. La responsabilidad es solo nuestra y esta es una actitud que invita a reconocer con sinceridad que lo que sentimos, ya sea de índole doloroso o placentero, nos pertenece. Y es nuestro derecho emocional. Solo a nosotros corresponde darle solución y no pensemos que otro lo hará.

Siempre esperamos que la persona en cuestión repare el daño que -creemos- causó. La culpa que adjudicamos impide perdonar realmente y tener el efecto sanador. El aceptar la responsabilidad de nuestras reacciones y emociones permitirá cortar los lazos de exigencia que establecemos hacia ellas; y, solo asumiendo nuestra responsabilidad y libertad, nos haremos independientes para tomar el control de las emociones y reacciones al sufrimiento. Solamente después de reconocer el problema y siendo responsables desarrollaremos la actitud para dejar de sufrir.

¿Cómo dejar de sufrir? Comprometámonos en hacer un cambio. Entendamos el término de compromiso como intención y decisión; en otras palabras, tener el deseo consciente de solucionar los problemas que se manifiesten en la vida diaria. Desarrollemos una energía para iniciar y mantener cualquier cambio, acción que ayudará también en los procesos para mantener la libertad emocional. Nos estamos refiriendo al poder de elegir cómo nos queremos sentir haciendo uso del libre albedrío. La forma de motivarnos -para solucionar el conflicto- surge cuando buscamos las posibles soluciones. Al llegar a este punto surgirán las preguntas, tales como: ¿cómo lo hago? o ¿cómo doy solución a mi sufrimiento? Y se logra solo a través de la comprensión. No olvidemos que es el elemento primordial con la que se desarrolla la consciencia y lo que impulsa nuestra evolución como seres humanos.

Para comprender, recopilemos en forma ordenada, lógica y coherente toda la información emocional existente alrededor de un problema y, además, relacionémosla con cada una de las creencias, pensamientos y reacciones; e, incluso, con el dolor físico y la somatización. Es traer a nivel consciente el material inconsciente que permanece oculto. Esto es lo que se conoce como Satori en la tradición oriental.

Después de reconocer el problema, debemos ser responsables y tener la actitud para dejar de sufrir. Solo hace falta definir cuál es el objetivo, los pasos y el mapa adecuado para alcanzarlo. El modelo que usamos para definir el objetivo no es el más adecuado. Utilizamos la afirmación: "hemos venido a aprender". Este modelo solo busca soluciones en la información, en el conocimiento y en el esfuerzo del aprendizaje. Mientras que, si lo cambiamos por uno nuevo, tal como: "hemos venido a reconocernos", invita a una tarea más sencilla y práctica, que es quitar lo que sobra.

La falta de un mapa conduce a diferentes caminos y terminamos confundiendo los medios con el fin. Lo que llamamos búsqueda no será más que una etapa y tendrá un fin, que ayude a identificar cuál es la herramienta adecuada para alcanzar el objetivo. El método es necesario para mostrarnos el camino, pero sin saber qué hacer y cómo hacerlo; y si ya llegamos, no conseguiremos resultados y nunca sabremos si lo alcanzamos, por lo tanto, sin mapa no hay meta. Existe una estrecha relación entre sicoterapia y espiritualidad.

Entendamos que la solución al sufrimiento es un paso más en el desarrollo de la evolución espiritual y felicidad. Es la fase inicial y la más difícil. Es fácil perderse, pues siempre buscamos atajos que eviten responsabilidad o que den alguna respuesta mágica; pero, lo cierto es que solo solucionaremos el problema cuando empecemos a comprenderlo.

Tenemos miedo a evaluar las emociones, pues tienen el poder absoluto sobre nuestros comportamientos y sobre la libertad de sentir. Y en verdad no son más que hábitos y costumbres que se quedaron en el tiempo y que tienen origen en las experiencias de dolor que vivenciamos en la infancia. Se aprendieron por un simple condicionamiento. Comprender cómo, por qué y de dónde viene el sufrimiento desactiva la energía que sirve de fuente a los actuales conflictos y devuelve el control. Comprender y desarrollar la consciencia es el camino correcto para empezar nuestro desarrollo.

Normalmente, cuando las emociones surgen, tendemos a rechazarlas, esconderlas, evitarlas, disimularlas, reprimirlas, reprogramarlas, pero no a observarlas. Comprenderlas implica la necesidad de observarlas, enfrentarlas y utilizarlas. Esas emociones son las que provocan el sufrimiento y solo en ellas están las respuestas; y nos dan lo que buscamos: el porqué. Y eso es lo más importante, saber el porqué. Sabemos qué o quién nos hace sufrir o cuándo sufrimos, pero no sabemos por qué lo hacemos. Si lo supiéramos, ya no lo haríamos; entonces, busquemos en otro lugar y hagamos cosas que no habíamos hecho antes, como, por ejemplo, preguntarnos: ¿por qué? Cuando surja el conflicto o problema y cuando lo reavivemos, auto observémonos y formulemos dos preguntas: ¿qué ocurre ahora? y ¿qué es lo que me duele? Pero esta vez apartemos del escenario a los actores del terreno emocional y cuestionemos nuevamente: ¿y por qué ahora ya no me duele?

El resto es tirar del hilo. Describiremos este método. La primera etapa consiste simplemente en observar. La observación es un gesto valiente y decisivo, que elimina las respuestas naturales de defensa que están manteniendo esas reacciones a través del tiempo (hábitos). La forma adecuada de establecerlas es desdramatizar manteniendo la calma interior y desapegarnos con el propósito de no caer en el acostumbrado secuestro de nuestra exigencia emocional; entonces, lograremos formularnos las preguntas adecuadas.

La autoobservación. Lleva a un mecanismo meditativo y contemplativo de la mente, que pone la atención sobre los estados emocionales. Una vez que conseguimos situarnos en el espacio especial de la observación, la autocontemplación permite quedarnos a solas con el sentir real. Es el momento en que identificamos el porqué.

La emoción es resistencia. La emoción, fundamentalmente, es dolor físico. Cuando nuestros dispositivos automáticos intuyen que ocurrirá algo que no nos gusta y que no deseamos, salta la alarma del cuerpo; sentimos malestar generalizado y, a veces, localizado como dolor en el plexo, en la cabeza, la garganta, bloqueos en las extremidades, mareos, náuseas, falta de apetito, etc. Nos damos cuenta de la urgencia a la que nos somete el dolor y queremos evitarlo o quitárnoslo de encima como sea. Y ese malestar o dolor surge por la resistencia a no enfrentar lo que estamos seguros ocurrirá y no queremos sentirlo. Rechazamos esta situación a esta persona, a este sentir, a ese momento y el malestar o dolor empieza; por tanto, debemos observar por qué nos resistimos.

La culpa y la autoculpa. Ese malestar general o dolor físico se asocia a pensamientos que toman forma de creencias, paradigmas o suposiciones y revive el mismo drama una y otra vez. La culpa es la que las provoca y mantiene la constante exigencia de reparación del daño que consideramos causó. Siempre encontramos a alguien culpable de lo ocurrido y de nuestro sufrimiento. El otro, como ya sabemos, bien puede ser una persona o la suerte, la vida, Dios, etc.; pero, la faceta más cruel y dañina de la culpa es cuando la dirigimos hacia nosotros mismos. Nos culpamos por consentir, por asumir y no actuar, y por no decir o transgredir. Ese es el malestar que corroe por dentro. Observemos las culpas e identifiquemos de qué nos culpamos.

La verdadera razón del sufrimiento. Realmente no existen las emociones. Este término confunde, pues existe un dolor físico urgente y cientos de pensamientos asociados en la mente, creencias de culpa y castigo que se enredan unas con otras generando círculos de pensamientos de los que es difícil salir. Observemos los pensamientos de castigo e identifiquemos las condenas. El autocastigo es consecuencia de la culpa y la verdadera razón del sufrimiento. Sufrimos porque nos castigamos por nuestras culpas. En el interior hay un juez y una víctima y, al final, siempre tendremos una condena. No somos conscientes del repertorio verbal, pero la mayoría de los conceptos que utilizamos es para castigarnos, menospreciarnos o humillarnos. Un ejemplo sencillo es cuando exclamamos: ¡qué cansados estamos de esto! En el fondo decimos: "esta persona o situación nos supera, no somos capaces de darle solución, no valemos para esto, somos inútiles y tontos por no acabar con esto". Y surge la rabia, pues la culpa siempre genera rabia, rencor y resentimiento.

Martine Libertino describe algunas fases en nuestra evolución, que están ligadas a la forma cómo manejamos el sufrimiento. La primera se refiere al sufrimiento por las propias circunstancias, pero no sabemos por qué. La segunda es porque sufrimos por nuestras circunstancias, pero ya sabemos por qué; es la fase en la que nos encontraremos después de identificar nuestras emociones. En realidad, es procesar y dejar de sufrir por nuestras circunstancias. Es dejar que el corazón, de forma natural, recupere las imágenes, los recuerdos y las vivencias de la infancia que reverberan al meditar sobre nuestros pensamientos y que piden ser recuperados para terminar de montar el panorama de nuestras emociones y ver, de esta forma, cómo empezó todo.

Llegado ese momento, comprenderemos que en el fondo somos niños que tenemos heridas y problemas definidos y que aún se siguen repitiendo. Al identificar las cosas negativas del pasado nos daremos cuenta del origen de nuestro sufrimiento y que deberíamos darle alguna solución; pero, para que esas emociones no aparezcan, hay que reconciliarlas con aquellas situaciones y personas presentes. Pongámonos en disposición de desplegar amor hacia todos y perdonar. Solo así dejaremos de sufrir.

El perdón no pretende exonerar a los otros de su responsabilidad, sino liberarnos y cortar el lazo de exigencia que todavía nos une a esas personas. El perdón no es algo que necesitemos aprender. Cuando sintonizamos con otro, descubrimos que era inconsciente de lo que hizo y, simplemente, respondía a sus propios patrones de dolor y a sus creencias por lo que fuimos afectados. Cuando descubrimos que no hubo culpables en esa situación, sino solo inconsciencia, entonces apartaremos el rencor y el resentimiento y liberaremos el ansia que revierte al amor.

Eso es perdón. El más importante de los perdones es el que nos auto aplicamos por consentir, por vivir, por omitir o, simplemente, por lo que nuestra reacción provocó. Ser conscientes que, bajo las condiciones, y en esa etapa de nuestro desarrollo, no pudimos hacer otra mejor cosa. Al final la última fase es ser feliz bajo las circunstancias que tocó vivir.

Independencia emocional. Aprendamos a protegernos, ya sea solos o acompañados, evitando que la felicidad dependa de los demás. Controlemos las inseguridades no permitiendo que dirijan nuestras vidas. Amor y dependencia son dos estados antagónicos y, cuando conviven, se destruyen. Cuando ocurre en una relación de pareja, el amor se desvanece y se somete a la dependencia; y, para que no suceda, cambiemos el concepto de necesidad por preferencia, que es más saludable.

Podemos amar a la pareja, pero mantengamos la autoestima para que permita el propio crecimiento personal. Y esto solo se alcanzará cuando el nivel de maduración sea muy elevado. No confundamos el amor con el enamoramiento; pues aquí no hay angustia, ni mariposas, ni entrega total. El amor no es asfixiarse, someterse, ni sacrificarse por la pareja. El amor es tranquilo y relajante, es moderado, es razón, deseo, amistad, cuidado y equilibrio. En el amor no hay temor y, por eso, merece la pena el cambio. A continuación, presentaremos algunas afirmaciones y situaciones que nos recordarán cómo mantener la independencia emocional, aun amando a la pareja.

Amémonos. En la vida nada ni nadie dará el suficiente amor que llene el vacío que sentimos. Para amar a alguien, primero tenemos que amarnos a nosotros mismos. No dependamos de nadie para ser felices, pues ninguna relación dará la paz que necesitamos interiormente. Realmente es nocivo disfrutar solo dando afecto.

Te prefiero. Lo correcto es sentir y decir: "te amo porque quiero amarte, porque te he elegido y me gusta estar a tu lado; no porque seas indispensable para mi felicidad; es decir: no te necesito, pero sí te prefiero".

Autovaloración. Si la persona no es capaz de amarnos como nos merecemos, deberíamos alejarla de nuestra vida; pues tengamos la seguridad que llegará quien sea capaz de disfrutar lo que somos. Si no vemos lo que valemos, es probable que nos juntemos con quien tampoco lo haga. Valgo por lo que soy y no por lo que tengo.

Autoestima. No tenemos la necesidad de demostrar nada a nadie, solo a nosotros mismos. Cuando nos amemos, comprenderemos que estamos en el lugar y momento correcto y, entonces, encontraremos la paz que buscábamos. A eso se le conoce como autoestima. Cuando nos amamos de verdad, comenzamos a liberarnos de todo lo que no es saludable: personas, situaciones y cualquier cosa que nos eliminen o jalen hacia abajo. Esta actitud es amor propio y suele confundirse con egoísmo.

Eres mi complemento. Nacimos completos. Tenemos la creencia de que cada uno es el complemento o la mitad de una naranja y que la vida solo tiene sentido cuando encontramos a la otra mitad; pero, la verdad es que nacemos enteros, que nadie en la vida merece tener la responsabilidad de completar lo que nos falta.

El amor es libre. El amor es libertad y crecimiento, no es posesión y limitaciones. Las pruebas del amor que suelen reclamarse o darse no lo son realmente, pues la verdadera prueba de amor es dejar que la pareja piense y actúe en libertad.

Felices y optimistas. Elijamos entre ser feliz y optimista o ser triste y negativo. Nadie es responsable de hacer a otro feliz o no. La elección depende de uno mismo.

LOS BLOQUEOS AFECTIVOS

Los bloqueos afectivos, por lo general, están almacenados en el inconsciente y se expresan sin tener plena consciencia, persistiendo por mucho tiempo y afectándonos intensamente. También se manifiestan en el pensamiento consciente, adoptando formas conocidas. Afectan en distintas formas e intensidad. Algunos tienen relaciones que les ofrecen la posibilidad de sentirse amados, valorados y de lograr una auténtica intimidad; pero sus bloqueos afectivos impiden aceptar esas posibilidades; peor aún, destruyen por completo sus relaciones.

En ocasiones, las consecuencias son más graves, pues establecemos relaciones con poca o ninguna posibilidad de llegar a sentirnos valorados, amados y encontrar la intimidad que deseamos. Nos relacionamos con personas inmaduras, egocéntricas, reprimidas o que parecen reunir las condiciones para brindarnos amor, pero no pueden hacerlo por razones ajenas. La mayoría tiene más de un bloqueo y en diferentes niveles. De hecho, es frecuente que una misma persona tenga más de dos tipos que la afecta en forma simultánea; en ese caso, la percepción de sí misma tiene expectativas irracionales respecto de los demás.

Estos bloqueos perturban en tres niveles: el primero, se refiere a la visión interior que tenemos de nosotros; a las autopercepciones, tales como: *"no merezco amor o no necesito a nadie, porque soy fuerte"*; y esto daña la receptividad al amor. El segundo tiene que ver con la visión del mundo, en general, que refleja nuestra filosofía de vida y nuestras expectativas; por ejemplo, la idea de que el mundo es un lugar frío y hostil y creen que en su vida no existe la posibilidad de amor. Interpretan la realidad como un lugar en el que las oportunidades se esfuman y piensan que para ellos es demasiado tarde y su tiempo ya pasó. El tercer tipo de bloqueos determina nuestra visión de los demás y sobre las expectativas de cómo deben tratarnos; por ejemplo, perciben que el amor es de cierto modo y, si se les ofrece de otra forma, consideran que no es verdadero y lo rechazan. Hay quienes opinan que si lo pedimos no es verdadero amor y enfrentan sus relaciones con una demanda anticipada, como: *"deberías leer mis pensamientos, tú lo deberías saber".*

Los orígenes. Todos deseamos ser amados. Los bloqueos afectivos son inconscientes y, por lo tanto, nadie genera un bloqueo conscientemente. En su origen es probable que encontremos alguna justificación válida, pues es una reacción para protegernos contra alguna experiencia anterior que produjo miedo o confusión; una experiencia tan difícil y dolorosa que, en determinado momento, no se manejó. Desde una perspectiva adulta no parecen tener sentido, pero si exploramos las experiencias tempranas descubriremos el condicionamiento y, en consecuencia, encontraremos que hay motivos emocionales que los explican.

El cuerpo y cerebro, al nacer, están en desarrollo. Estamos desvalidos y dependientes por un periodo prolongado y, de esa forma, en la infancia y adolescencia nos encontramos en una situación de extremada vulnerabilidad. Las necesidades básicas no se satisfacen y casi nada podemos hacer. El amor es tan crucial para la supervivencia del infante como el aire que respira y la leche que lo nutre. Cuando a temprana edad esa necesidad de amor no se satisface, el niño pierde su receptividad natural para amar. Esta se expande a medida que es satisfecha, igualmente como el cuerpo crece a medida que son cubiertas las necesidades alimentarias; asimismo, crece la capacidad del niño para recibir amor y su necesidad de darlo.

Cuando el niño no recibe amor, su receptividad natural disminuye, así como se contrae un estómago que no recibe alimentos. Si la necesidad de amor de un niño no es satisfecha en forma sostenida durante largo tiempo o si el niño sufre una experiencia traumática de maltrato, de rechazo total o ignorancia, entonces esa capacidad de amar se disminuirá hasta desaparecer por completo. Será como si el yo, naturalmente receptivo de amor del niño, hubiera muerto (Evolución, 2015).

Cuando somos adultos, esos mecanismos que ayudaron en la infancia se vuelven contradictorios bajo la forma de bloqueos afectivos, causando más daño que beneficio. Si bien fueron necesarios para sobrevivir en la infancia y en la adolescencia, en la edad adulta ya no funcionan y es necesario liberarnos de ellos para desarrollarnos y, de esta manera, recibir y dar amor.

Las "sombras" son los problemas guardados. Para mucha gente el pasado fue doloroso y no desea, ni siquiera, reconocerlo. Solo quieren mirar valerosamente el futuro y la aseveración más común es: "dejemos atrás el pasado"; y, en algunos casos, se inventará alguna versión fantasiosa que justifique la afirmación: "tuve una infancia feliz".

En algunas familias se oculta o se miente sobre el pasado. Se silencia con frases como: "no es asunto tuyo, eso ocurrió hace mucho tiempo, eso nada tiene que ver contigo, no eras más que un bebe entonces, en realidad no tiene ninguna importancia". La verdad es que sí tiene gran importancia, pues las estrategias utilizadas están almacenadas en la memoria y es lo que se conoce como sombras, que reaparecen como problemas sicológicos. La actitud que adoptan es: "no importa de dónde vienen mis bloqueos, solo quiero liberarme de ellos".

Pero la eliminación de un bloqueo empieza por la comprensión de sus orígenes y solo es posible cuando se examina la historia familiar y las propias experiencias tempranas. "Cuanto más se ignore su legado sicológico, tanto más probable será que quede atascado repitiendo una y otra vez los esquemas y dramas pasados de la familia" (Evolución, 2015).

El tiempo y el inconsciente. El siquismo humano funciona dentro de un concepto de tiempo lineal, como: pasado, presente y futuro. Solo cuando somos conscientes distinguimos el tiempo de esta forma, pues el inconsciente no hace estas distinciones y no tiene ningún sentido de tiempo lineal. Cuando experimentamos intensas emociones, las reacciones y los sentimientos que se asocian son automáticamente depositados y almacenados en el inconsciente.

A medida que crecemos tenemos otras experiencias que afloran recuerdos inconscientes de experiencias pasadas y, junto con ellos, se asocian también viejos sentimientos que experimentamos en el aquí y en el ahora; casi siempre con la misma intensidad que sentimos en el pasado. Es como si la identidad adulta fuera arrancada de pronto, haciéndonos sentir nuevamente como niños desvalidos.

Aunque el inconsciente no tenga con claridad los detalles de los hechos pasados, conservará los sentimientos. Pensamos que algunas emociones o reacciones aparecen de la nada o porque sí; en realidad, afloran desde la memoria y son recuerdos almacenados (sombras). Creemos que están totalmente olvidados, pero vuelven a la consciencia ante situaciones insignificantes que funcionan como estímulos discriminativos detonantes de un sentimiento, pudiendo ser: una palabra, un gesto, un sonido, una situación o un olor. Estamos convencidos que, como no recordamos nada, no ocurrió nada; sin embargo, tenemos perturbaciones emocionales, depresiones, ansiedad, miedo, fobias y desórdenes alimentarios indicando que hubo, en algún momento, una experiencia traumática. Aun cuando no tengamos un recuerdo claro de una experiencia dolorosa, las consecuencias emocionales se mantienen por muchos años.

El proceso de cambio. En algunas ocasiones con la simple comprensión o una ampliación de conceptos se soluciona el problema; pero, a veces, es preciso más tiempo para que este nuevo conocimiento penetre en las emociones y sea realmente procesado y superado. La comprensión intelectual es importante y decisiva para solucionar un problema emocional, pero la modificación solo puede producirse y completarse cuando, lo que se comprende intelectualmente, es procesado emocionalmente y comienza una verdadera reestructuración cognoscitiva. Al superar un bloqueo afectivo es normal descubrir que hay otros que aún siguen ocultos.

Muchas personas tienen escasa o ninguna percepción de los problemas que existen en su relación con los demás y consigo mismas. Otras saben que algo anda mal y lo expresan de las maneras más diversas, como: "sufro mucho, necesito crecer más como persona, quiero obtener más de la vida y de las personas, mis relaciones nunca resultan como yo quiero, algo me falta"; y, así, sucesivamente. Escuchamos decir: "soy como soy y nada puedo hacer para cambiar"; pero, si tienen la oportunidad de ver cómo se transforma la gente a su alrededor, su actitud puede modificarse y terminar afirmando: "tal vez no deba seguir siendo como soy" o "tal vez yo también pueda cambiar". Ese es el momento en que comenzará el verdadero cambio.

Ayuda profesional. Cuando entramos en algo desconocido siempre es aconsejable consultar a alguien con experiencia. Un guía sugerirá qué caminos tomar, alertarnos sobre posibles riesgos, decirnos qué podemos esperar del viaje, estimular nuestro interés y entusiasmo e informarnos sobre las experiencias de quienes ya vivenciaron situaciones semejantes. Existen muchos guías que son de utilidad; por ejemplo, los libros de autoayuda, las enseñanzas o prácticas espirituales y los grupos de apoyo.

También hay guías individuales, como vemos en gran parte de la historia; el guía personal fue casi siempre un maestro espiritual o un gurú mentor, pero en la cultura occidental de nuestros días el guía personal es habitualmente un sicoterapeuta. La terapia no es el único medio para superar estos bloqueos. Es recomendable, para quienes se sienten incapacitados en establecer y mantener adecuadas relaciones sociales, pero no es necesario para los que padecen de problemas leves.

Un guía es solo un guía. Finalmente, es la misma persona quien produce el cambio. La mayoría de los libros dejan la impresión de que la única manera en que alguien logra cambios importantes en su vida es sometiéndose a un prolongado tratamiento sicoterapéutico individual. Muchos libros de autoayuda, escritos por sicoterapeutas, describen el proceso de cambio ubicando al profesional como si se tratara de un dios y un ser súper especial, que siempre encuentra la palabra justa en el momento justo. Hacen creer al paciente que, al llegar al consultorio con su vida deshecha, el terapeuta con una gran habilidad detectivesca arrancará la verdadera historia mediante una serie de preguntas sagaces. Y también existen terapeutas que asumen ese rol, casi antes de que el paciente termine de hablar ya asimiló completamente los problemas expuestos y sabrá cómo resolverlos. Aún más asombroso es que, al instante, es capaz de comunicarle todo esto en un lenguaje compasivo, elocuente y abreviado; al tiempo, el paciente volverá al consultorio y le informará que su vida dio un vuelco total.

Los terapeutas no son dioses y aun el más perceptivo, sabio y brillante no es más que solo un guía. En la terapia es el paciente quien hace el grueso del trabajo y quien produce la totalidad del cambio. A lo sumo, el profesional participará una hora por semana, pero el paciente vivirá el proceso de cambio durante veinticuatro horas al día y los siete días a la semana. El terapeuta utilizará las técnicas más audaces para solucionar el problema, pero nada de eso ayudará al paciente si este no llegó por sí mismo a idénticas conclusiones.

La clave para el cambio. Casi no tenemos consciencia de lo que hacemos ni las razones por las cuales se hacen. Obviamente, mientras alguien desconozca sus propios esquemas de conducta le resultará más difícil cambiarlos; por ello, es crucial tener consciencia de los problemas. Igualmente, crucial es comprender por qué se generan determinadas creencias o paradigmas. No nos esforzamos en comprender y cambiar los esquemas sicológicos y comportamientos, debido a que rechazamos la idea de que el conocimiento consciente es importante.

Nos aferramos a la siguiente afirmación: "suponiendo que, en efecto, descubra que mis problemas de adulto están relacionados con lo que me ocurrió en la infancia", ¿cuál sería la diferencia? La respuesta se presenta cuando se descubre la raíz de los motivos que llevan a sentir y a actuar de determinada manera. La diferencia es significativa cuando se comprenden, pues muchas cosas que parecían misteriosas y desconcertantes comienzan a tener sentido. Para algunas personas, y en ciertas situaciones, el conocimiento consciente de lo que hacen y de por qué lo hacen es suficiente para cambiar sus sentimientos y su conducta; para la mayoría, sin embargo, ese solo es el primer paso. Para que realmente se realice el cambio de los sentimientos y la conducta hacia los demás, es indispensable la integración.

En forma individual cada uno tiene diferentes niveles de consciencia y la capacidad de adquirir distintos tipos de conocimiento. Está el conocimiento intelectual y racional (el que se da a nivel de la mente) y el conocimiento emocional o visceral (que se produce en el corazón, las entrañas y el alma). En culturas de orientación cognoscitiva como la nuestra, la mayoría percibe primero las cosas a través de la mente, pero lograr esa misma percepción a nivel espiritual, emocional y visceral llevará más tiempo; y es donde se dan los cambios profundos.

Los cambios profundos se producen lentamente. A veces la estrategia más eficaz es cambiar primero el comportamiento y, luego, la manera de sentir. Ocurre, por ejemplo, cuando los miedos se desvanecen automáticamente y cuando exigimos una conducta que nos lleve, directa o indirectamente, a superar un temor específico. Pero esto sucede solo porque el miedo era un fantasma y no nos adaptábamos o desempeñábamos con eficacia. En estos casos, por supuesto, es más sensato modificar primero la conducta. La lentitud del proceso de cambio causa frustración. A ello se suma, además, que la mayoría de los cambios profundos no ocurren de manera inmediata. Si bien es cierto que algunos experimentan iluminaciones súbitas, lo más común es que los cambios se realicen de modo sutil; tanto que, a veces, pareciera que no pasa nada en absoluto y se tiene la sensación de encontrarse completamente estancado.

En el cambio hay retrocesos y tropiezos. Aparentemente, en los momentos de calma, parece como que no ocurriera nada. Estas pausas son inevitables y se producen ininterrumpidamente. La realidad es que hay momentos en los que el ritmo del cambio se hace más lento o se detiene temporalmente. También ocurren retrocesos. El verdadero cambio es lento, avanzamos y, a veces, da la sensación de que retrocedemos; pero tengamos en cuenta que no hay castigos y, tampoco, seremos obligados a volver a empezar, ya que solo tenemos que reanudar el camino desde donde quedamos. De igual forma, como el proceso de cambio no se desarrolla hacia adelante y en línea ascendente, no siempre es agradable. Todo esto es debido a que en el proceso surgen sentimientos dormidos de dolor, pérdidas, tristeza e ira, que son difíciles de soportar.

El riesgo es que la persona, que está confundida en el proceso de cambio, se sienta tan invadida por sentimientos penosos que no le permitan continuar y caiga en una intensa depresión; en ese caso, se recomienda la interconsulta con un siquiatra u otro especialista, que le ayude a estabilizarse bioquímicamente y a salir de ese estado.

Las respuestas ya las tenemos. Al descubrir un bloqueo afectivo, muchos reaccionan manifestando que tienen un problema, pero que no saben cómo solucionarlo. Esta acción de pedir un consejo o ayuda es saludable, sin embargo, hay quienes lo llevan demasiado lejos y pretenden que otros decidan por ellos. Como no confían en su propio ser interior, no se dan cuenta de que, tal vez, ellos mismos tengan la respuesta o una idea de lo que necesitan hacer o saber. Para avanzar en el proceso es necesario tener consciencia de las propias fuentes interiores y saber lo que es más conviene. Nos referimos a la intuición, imágenes o recuerdos que acuden a la memoria sin saber por qué; a veces, entendiendo las causas de ciertas enfermedades, que parecen difíciles de explicar o curar.

Existen formas de hacernos más receptivos a nuestra voz interior, entre las que se incluyen: la meditación, el *mindfulness* y el ayuno, los ejercicios de visualización, llevar un diario, recordar, registrar y analizar los pensamientos y acciones. Cuando alguien se comunica mejor con sus propias fuentes de sabiduría, estará en mejores condiciones para decidir qué camino elegir.

El proceso es fatigante e incómodo. Es lento y se hace fatigante; por más que resulten inicialmente interesantes la autoexploración y el autoanálisis llega un momento en que se hace afirmaciones, como: "esto no va más, estoy harto y asqueado de hablar de mi vida y mis problemas. Me enferma tanto hurgar bajo la superficie y analizarlo todo. Me aburre mi propia neurosis. Lo único que deseo es callarme e ignorarla por buen tiempo". Tales sentimientos serán aceptados y elaborados, pues son parte del proceso de cambio y no un motivo suficiente para abandonarlo.

Lo mismo puede decirse de los sentimientos de estupidez que, casi siempre, surgen. Cuando alguien establece relaciones, cuando penetra en lo que sucedió en la infancia y lo que le sucede en su vida adulta ocurre que parezcan "tan obvias, que cualquiera podría verlas". Cuando logran una percepción importante, no exclaman: "es maravilloso que haya comprendido esto"; en cambio, reaccionan con una versión: "¿cómo no me di cuenta antes, es tan evidente que solo a un idiota se le escaparía o debo haber estado ciego? ¡Qué imbécil que soy!" La realidad es que las cosas más obvias para los ojos de los demás, respecto a nosotros mismos y de nuestra vida, son precisamente aquellas que más cuesta ver. Es preciso recordar esta verdad cuando se está embarcado en el proceso de cambio.

El cambio asusta. Recordemos que esos bloqueos afectivos se originaron para ayudarnos a sobrevivir; por consiguiente -cuando alguien se dispone a abandonarlos- es probable que sienta que su supervivencia está en juego y que, literalmente, morirá. No hay nada que cause más miedo, y a veces terror, que cambiar esquemas de sentimientos y comportamientos de toda una vida y encarar la existencia de una manera diferente y desconocida.

Nunca es tarde para cambiar. Es uno de los principios del cambio y que tropieza con una mayor resistencia. Muchas personas, que padecen bloqueos afectivos y otros problemas, llegan a un punto en la vida que piensan haber perdido su oportunidad de cambiar: "he sido como soy desde que recuerdo y supongo que lo seguiré siendo hasta que me muera". En nuestra cultura, obsesionada con la juventud, es habitual dar por sentado que, una vez pasada cierta edad, la gente pierde su capacidad de cambio. Esto es rotundamente falso, pues la mayoría comprueba que su grado de experiencia les da sabiduría, perspectiva y buen humor. Todo lo cual facilita las cosas.

El cambio es un trabajo para toda la vida. Este principio es fuertemente resistido. Hay dos maneras de ver la situación. Una persona puede lamentarse y expresar: "oh, no creí que estaba mejor, y ahora descubro que todavía me falta mucho, qué desalentador"; o bien: "qué bueno, creí que llegué lo más lejos que podía y ahora descubro que todavía hay espacio para progresar. ¡Puedo sentirme aún mejor!"

LA SANGRE SOLO NOS HACE FAMILIA

Tenemos madres, padres, hermanos, hijos, tíos y otros parientes; y, a veces, grandes núcleos parentales con miembros de la familia que, por alguna razón, dejamos de ver y tratar. La mayoría siente culpa por ese distanciamiento. Tenemos familia, un origen y una raíz, pero no es fácil saber cómo conservarlos, pues queremos el vínculo, día a día, y conseguir que se mantenga unida.

La verdad es que, en ocasiones, sentimos casi una obligación "moral" llevarnos bien con un familiar cercano, pero no siempre ocurre de esta forma, pues nos distanciamos, ya sea con un tío o primo, con quien no compartimos cosas comunes o nos crearon algún malestar a lo largo de la vida. Puede que una la sangre, pero la vida no ha encajado por ningún lado, así que mantenernos a la distancia con un trato justo y puntual no supondrá ningún trauma para ninguno de los lados. La situación se pone más difícil cuando pertenecen al núcleo familiar, como padres, hijos o hermanos. En ocasiones se piensa que ser familiar supone compartir algo más que la sangre o un mismo árbol genealógico. Hay quienes, de manera inconsciente, creen que un hijo debe tener los mismos valores que los padres, compartir una misma ideología, valores éticos morales y patrones de comportamiento semejantes.

Existen progenitores que se sorprenden por las diferencias entre sus hijos, sobre todo si nacieron de un mismo vientre. Pensamos que en el núcleo familiar hay una armonía explícita y asumimos que no existen excesivas diferencias; por lo tanto, es menester no salir del patrón y de las normas establecidas, pues todo está controlado y en orden.

Ahora bien, lo claro es que la personalidad no se trasmite genéticamente. Se heredan algunos rasgos y el vivir en un mismo ambiente se comparten una serie de situaciones comunes, pero aclaremos que los hijos no son moldes de sus padres y, tampoco, conseguirán que sean iguales, según sus expectativas. La personalidad es dinámica y se construye día a día, por lo tanto, en ocasiones experimentamos desilusiones, discusiones, desacuerdos y desavenencias.

Para crear un vínculo fuerte y seguro a nivel familiar deben respetarse las diferencias y promover la independencia y seguridad. Hay que respetar la esencia de cada persona, su individualidad sin poner barreras, condiciones, sanciones a cada palabra y comportamiento, juzgando el pasado o el presente. Es la única forma que las familias vivan en armonía y se mantengan integradas.

En ocasiones los padres ven cómo sus hijos se alejan del hogar familiar rompiendo el contacto o manteniéndose distantes. Hay hermanos que no se hablan por largos periodos. Existen habitaciones y sillas que no se usan por la ausencia de miembros que antes compartían reuniones familiares. Esto se debe a que cada uno es un mundo, un micro mundo con sus propias pautas, sus creencias y, a su vez, con todas esas vivencias que cada uno conoce. La forma cómo interpretamos las cosas que ocurrieron y el contenido que queda en la memoria llevará a tener ciertas pautas para evaluar dichas situaciones y ayudará a enfocar el tema.

La educación tiene como finalidad formar personas seguras de sí mismas, capaces e independientes para que alcancen su felicidad y, a su vez, ofrezcan felicidad y amor a sus semejantes. Esto solo se consigue ofreciendo amor sincero, sin imponerlo ni controlarlo. Un cariño que no sanciona por como uno sea, piense o actúe. No responsabilicemos a los demás de lo que siempre ocurre. No hay que culpar a la madre o al padre de que hoy en día nos sintamos inseguros e incapaces de hacer determinadas cosas; a ese hermano que, tal vez, siempre fue el mejor atendido o cuidado. Está claro que, a la hora de educar, cometeremos errores. Tomemos el control de nuestra vida, sepamos cómo reaccionar, tener voz y decir no; además de pensar que somos capaces de emprender, con seguridad y madurez, nuevos proyectos, decisiones y soñar sin ser esclavos de los recuerdos familiares del ayer. Ser familia no supone compartir las mismas opiniones y los mismos puntos de vista. Y, por ello, no juzguemos, sancionemos y despreciemos a los demás. Estos comportamientos crean distanciamientos y hacen que, ocasionalmente, encontremos mayor lealtad en los amigos que en los familiares.

Tenemos la obligación moral de mantener el contacto con los familiares que nos trataron mal o hicieron daño y que, realmente, nos hacen sentir incómodos; que critican y cuestionan por qué hicimos o dejamos de hacer eso o aquello y porque se atreven a sancionarnos o juzgarnos. Son familia y no cabe la menor duda que quieren lo mejor, sin embargo, tengamos en cuenta que lo importante en esta vida es ser feliz y tener equilibrio interno. Una paz interior donde no permitamos que ningún familiar afecte o vulnere el derecho a sentirnos bien y ser felices en todo el sentido de la palabra, por lo que es mejor y recomendable mantener distancia con cierto tipo de familiares tóxicos.

La familia tóxica. Hay variedad de tipos de familia. Unas favorecen positivamente el desarrollo de la consciencia y la evolución espiritual, y otras nos hacen progresar en base a empujones y agresiones. A la segunda nos referiremos como familia tóxica. Cuando nacemos no elegimos dónde, cómo y con qué familia viviremos. Nos sentimos atraídos por lo que será mejor para nuestro desarrollo espiritual. Lo que no sabemos en ese momento es que, al encarnar un cuerpo físico, según el tipo de evolución que decidamos para el espíritu, a nuestro cuerpo le dolerá. No somos conscientes qué ocurrirá hasta que ocupamos el nuevo cuerpo y recién empezará la función.

Se inician las contradicciones, las discusiones, los posicionamientos, la lucha territorial entre hermanos, el dominio por parte de los padres y tantas situaciones más que se dan y que, según cómo las enfrentemos, dará más o menos experiencia para salir al mundo y cortar el cordón umbilical que une a la familia y que, en ocasiones, hizo olvidar la razón por la cual reencarnamos.

Asumimos que quienes no cortaron el cordón emocional familiar es porque se criaron en una familia "perfecta" y que fueron apoyados en todo y siempre para crecer con cariño y con mimos; en este caso, la persona no nació en una familia tóxica y, quizás, le sea difícil comprender a los que sí tuvieron el tipo de vivencia que describimos. Los criados en familias tóxicas viven un "infierno" y su rutina se convierte en un serio y habitual problema. Lo peor es que el dolor que provocan esas heridas provenga de la propia familia de "sangre" y nos haga vulnerables y sin esperanzas de solución. Cada paso hacia el acercamiento es un enfrentamiento doloroso.

En ocasiones se observa que, dentro de una misma familia, uno de los miembros es tóxico; mientras que para otro será la familia "perfecta". Quien experimente esta situación pensará que tiene pésimo karma y no entenderá por qué se le presentan estas vivencias. Piensan que lo que le ocurre es un castigo divino por algo que hizo en una vida pasada y que se lo merece; por eso, muchas veces se cede ante el chantaje emocional o nos sentimos culpables, ya que se asume que se sufre porque somos malos y el entorno lo recuerda a cada instante.

Lo común es que le ocurra al más independiente de la familia. Es el que vuela por sí mismo y con sus propias alas, el que tiene criterio propio, el que posee las ideas claras y diferentes a sus progenitores. Es castigado por alejarse del núcleo familiar despertando una gran ira hacia su necesidad de independencia. Un hijo que piense por sí mismo, sin aceptar el programa paterno, es rechazado por miedo a que sea un mal ejemplo para el resto. Se le aísla y margina y, sobre todo, se le envidia; que es una de las emociones más dañinas, sobre todo si proviene de seres cercanos y lo vemos cuando los padres cultivan recuerdos negativos en los demás miembros en contra del que se independiza, para que la marginación sea en masa, sumergiéndolo en una completa soledad.

Por eso, cuando superamos esta pesadilla familiar pensamos con más objetividad: "era el camino para la evolución", y desaparece el fantasma de la creencia de tener mal "karma". Quizás necesitábamos nacer en medio de una familia con esas características para ser empujado a vivir según nuestra propia ley y dar los pasos hacia la evolución espiritual. Las familias castrantes y opresivas cumplen esa función y, si no evolucionamos, nos anulan.

Al tomar el propio camino en la vida, lejos de la familia tóxica, generamos nuestro destino, carácter y valores. Dejamos de sentirnos identificados con el programa mental que "la familia es lo máximo", porque las circunstancias, primero, obligaron y, después, descubrimos que no era lo correcto y que solo era el impulso que necesitábamos para la evolución. Aprenderemos a saber quiénes somos y de lo que somos capaces. Algo que no descubriríamos, si no decidiéramos emprender un camino propio. Los que nunca tuvieron esa maravillosa oportunidad se sienten anulados, apagados y atrapados en una vida que les dio todo programado, pero nada a nivel interno. Algunos se resignarán y dirán que la vida es así, sin embargo, jamás conocerán esa parte de nuestras experiencias y, quizás, nunca la comprenderán.

Al pasar el tiempo es posible que, en algún momento, nos demos cuenta de que los familiares que tenemos no cambiaron mucho, entonces, valoraremos el camino y la vida que elegimos, nuestro pasado y experiencias y, sobre todo, bendeciremos el momento que partimos para encontrar un lugar en el mundo. No podemos obligarnos ni ser obligados a convivir al lado de los que nos hacen daño. No caigamos en el chantaje de que "somos familia", así porque sí, y si no respetan la individualidad y la personalidad que se creó, independientemente de la idea preconcebida que tienen de nosotros, habrá problemas. En poco tiempo, cuando acabe el amor del primer contacto, que ocurre cuando se retorna, continuará la relación tóxica y nos usarán de blanco para sus frustraciones, sobre todo si observan que nos fue bien en la vida y que no prevalecieron los malos presagios.

Por mucha sangre que nos vincule, nadie tiene más autoridad que nosotros mismos; y, por supuesto, solo nosotros nos conocemos mejor. Como siempre, el sentido común es la única brújula que guiará en la dirección correcta. "Encerrarse en una cárcel de relaciones tóxicas por el mero hecho de ser familia, nos esclavizará en el chantaje eterno y con eso solo impediremos el autoconocimiento, crecimiento personal y la evolución espiritual" (Castell, 2015).

Por eso, demos gracias a los familiares tóxicos, porque gracias a ellos, aunque inconscientemente, fueron los maestros y marcaron el camino. Sabemos que no fue agradable, pero empujaron hacia el camino correcto para desarrollar nuestros propios dones y ser nosotros mismos. Agradezcamos a esos que nos oprimieron o maltrataron, ya que sin esa negatividad no hubiésemos evolucionado. Gracias a esa oscuridad es que encontramos el modo de encender la luz y, así, iluminar el camino. No nos quedemos enganchados a los familiares emocionalmente, pidiéndoles que proporcionen algo que no están dispuestos a dar. Evitemos esa tentación.

Tengamos en cuenta que cortar con el núcleo familiar es un acto heroico, que no recomendamos a las almas débiles. Encontrarse, de pronto, libre de esos lazos neuróticos nos coloca en un angustioso vacío. Es, entonces, cuando con voluntad seremos capaces de construir una nueva identidad, pero sin posibilidades de regreso, libre del pasado y viviendo en el presente, aceptando la evolución y creando una nueva familia iluminada.

Parejas tóxicas. Estar en relaciones maravillosas, encontrar a esa persona que nos complementa e impulsa a ser mejores personas son un regalo de la vida; sin embargo, no todas son sanas ni felices y, entonces, en lugar de ser un sueño hecho realidad se constituye una pesadilla atroz, angustiante y desesperante. Analicemos cuando vivimos en pesadilla e identifiquemos si tenemos alguna de las dificultades que a continuación enumeraremos. Cuando alguna de estas características se presente será el momento de tomar una decisión y rehacer la vida; por supuesto que terminar la relación es complicado, pero es necesario y recomendable hacerlo, pues lo importante es considerar que perdemos la posibilidad de disfrutar el verdadero potencial de vivir en pareja. Claro que en todas las parejas hay etapas y crisis. Puede ser que se atraviese por un periodo en que parezca más una relación tóxica que una sana. Tener cuidado.

¿CÓMO AFRONTAR LA MUERTE?

Si reflexionáramos seriamente sobre la muerte, lo más probable es que tendríamos un replanteamiento en la forma cómo vivimos la vida, la manera cómo nos comportamos con nuestros seres queridos y con las personas que nos rodean. Si afrontáramos la realidad de la muerte con una mirada profunda y valiente, dirigida al significado que para nosotros tiene como realidad ineludible, ayudaría a liberar la angustia latente en el interior y que perturba en forma subconsciente. Meditar o reflexionar -en forma más o menos regular- sobre nuestra no permanencia física trae consigo una mayor claridad mental, que ayuda -sin duda alguna- a tomar decisiones más acertadas a lo largo de la vida, reconsiderando las prioridades y escalas de valores, revalidando todas las relaciones personales y lazos afectivos. Esta práctica aportará una mayor consciencia y estado de felicidad.

Al reflexionar serenamente sobre la muerte, aprovecharemos mejor la vida, pues analizarla -sin temor- quita de encima preocupaciones absurdas e innecesarias y nos concentra en todo aquello por lo que verdaderamente merece la pena seguir viviendo.

Al observar cómo funciona la naturaleza, vemos que la vida siempre está precedida de la muerte, por eso observemos cómo funcionan las estaciones del año: después de un frío invierno viene la primavera y, luego, el verano y así sucesivamente. También apreciamos este ciclo de vida en un nuevo día, que avanza en el atardecer y termina en el ocaso para renacer al día siguiente.

Nosotros mismos *morimos un poco cada día*, cuando nos acostamos por la noche y caemos en un profundo sueño, que permite renacer al día siguiente con energía renovada. Todo nace y todo muere. Esto es algo tan natural que, simplemente, observando lo que sucede alrededor, vemos con claridad cómo la muerte es parte fundamental de la vida. Esta reflexión sobre el ciclo continuo de vida y muerte permite observar el acto de morir no como un hecho trágico, sino como algo perfectamente natural, que sigue las leyes de la naturaleza de la cual formamos parte y, lo más importante, que despierta a la realidad del Aquí y el Ahora para que vivamos el momento presente de manera consciente. Nos recuerda que, cada momento, relación y experiencia que vivimos, es única e irrepetible y que la vida merece la pena vivirla a plenitud.

Rechazamos hablar de la muerte. En el mundo occidental, principalmente, existe una tendencia a no hablar de cualquier tema relacionado con la muerte; hasta formar una actitud de rechazo, que produce cierta incomodidad cuando alguien menciona el tema. "Esta manera de reaccionar es común en la sociedad y es el resultado prácticamente de una inexistente sensibilización sobre la muerte, tanto en el ámbito educativo como familiar" (Nordal, 2011).

Es lógico que, en etapas de la infancia y juventud, no se piense en la fase final de la vida; de allí que sea comprensible evitar pensar que llegará ese momento y, en parte hay razón, pero sería mejor para todos si -de algún modo- nos familiarizáramos con el concepto de la muerte y el duelo desde que somos niños, abordándolo sin prejuicios y con naturalidad; por ejemplo, cuando muere una mascota en casa, sería una oportunidad para hablar del tema con los hijos, en lugar de eludirlo o minimizarlo.

Tampoco es necesario profundizar en exceso ni utilizar palabras rebuscadas y extrañas, pues podemos simplemente explicarles que la muerte es una etapa más de la vida, que no es algo aparte y que todos, tarde o temprano, moriremos. Podemos decirles, incluso, con toda tranquilidad, que después de morir vamos a un lugar en el que no hay sufrimiento y en el que se está bien. Cualquier situación es buena para hablar de ello, si se hace con naturalidad. Esta actitud, favorecerá que -en el futuro- se afronte mejor la pérdida de un familiar o amigo y su consiguiente proceso de duelo. La cuestión es romper el silencio desde pequeños. En la actualidad solo decimos frases como: "se murió porque estaba viejo" o "cuando alguien muere se va al cielo".

"El tema de la muerte no debe ser tabú y menos escabroso; así como sucede en otras culturas, que le dan la importancia que se merece y en las que la vida y la muerte se entienden como un todo" (Fernández, 2016).

El acompañamiento. Entendamos por acompañamiento al hecho de estar junto al que se encuentra en los últimos días de su vida, permaneciendo a su lado pacientemente, incluso cuando pareciera que no está consciente de nuestra presencia. Este acto debe provenir de los familiares y seres queridos, y su sola presencia tiene un enorme valor emocional para el ser que está en el tramo final de su existencia. Estos momentos tienen tanta o más importancia que el mismo día de su nacimiento; y tener la suerte que sus allegados se encuentren juntos, es algo gratificante y favorece -de un modo inimaginable- a efecto que la partida transcurra de manera tranquila y en paz.

Hay varios tipos de miedos a la muerte. El más común es el miedo al dolor y al sufrimiento físico, que precede a la muerte. Afortunadamente, hoy en día este temor disminuye, gracias a unos cuidados paliativos que eliminan prácticamente la sensación de dolor hasta el mismo momento de expirar. Otro de los temores más generalizados es el miedo a morir solos, sobre todo los que están en edad avanzada y que viven aislados, tras haber perdido a su cónyuge. Este miedo es más perturbador que cualquier otro y, por este motivo, resulta tan importante que los familiares tomen consciencia del incalculable valor que supone, para el enfermo terminal, estar acompañado.

En tal acompañamiento es importante tener presente algunos detalles, con la finalidad de favorecer un clima apropiado a ese momento tan crucial. Lo primero es estar tranquilos y serenos respetando al máximo el ambiente de calma que se percibe en el lugar. "No es necesario reprimir el llanto si surge de manera espontánea, pero si fuera descontrolado, deberíamos salir unos minutos de la sala para la tranquilidad de todos" (Nordal, 2011).

Es reconfortante para el enfermo recibir un poco de cariño, mediante el contacto físico, como cogerlo de la mano con ternura o acariciarle delicadamente la cabeza y el cabello. En estos momentos el silencio es lo que más se agradece, así que es aconsejable no hablar y, lo más importante, es escuchar. Suelen liberarse cargas emocionales profundas y sinceras. No conviene forzar ninguna conversación que no surja de manera natural y, tampoco, tratar sobre creencias religiosas si la persona en cuestión no las tuvo antes y no manifiesta ningún interés en hablar sobre ello.

A veces, con la mejor de las intenciones, procuramos darle un consuelo espiritual para que esté tranquilo y, sin querer, confundimos e incomodamos. Ahora bien, si la condición del paciente permite un claro interés por hablar del tema, entonces será aconsejable hacerlo compartiendo las creencias espirituales. Aprovechemos estos últimos momentos para aconsejar de forma sutil, que, si hay algo en nuestro corazón y que no haya podido o querido hacer o decir con anterioridad, es el momento para expresarlo. Las palabras de amor y de perdón cobran su máxima expresión en ese instante, por eso ofrecerlos es oportuno y gratificante para todos.

El vínculo emocional. Hay personas con quienes existe un fuerte lazo emocional, a pesar de no ser parte integrante de la familia y, por consiguiente, el proceso de duelo es, incluso, más intenso que con el de un familiar. También el grado de dependencia cumple un rol importante, pues a mayor dependencia emocional y afectiva habrá mayor intensidad en el proceso.

La vigencia en la relación. Si con la persona fallecida se tenía un fuerte lazo afectivo, pero se trataba de una relación antigua (amigos de infancia, compañeros de trabajo, etc.) el impacto, al recibir la noticia de su muerte, es importante, pero el proceso de duelo será menor en intensidad y duración.

La edad del fallecido. Es especialmente complicado superar los procesos de duelo cuando se trata de niños pequeños y personas muy jóvenes. Otro factor a considerarse son las circunstancias del fallecimiento. Las muertes, que sobrevienen en forma inesperada, provocan un mayor impacto emocional, sobre todo en las primeras fases del duelo.

El duelo. Es un proceso de adaptación emocional que se inicia tras la pérdida de un ser querido. Cada uno vive esta experiencia de un modo particular, debido a que influyen aspectos personales, emocionales, afectivos, sicológicos y culturales que hacen que resulte en vano cualquier intento de comparación. Nadie debe sentirse culpable por superar un proceso de duelo, antes o después. El tiempo destinado a este proceso no significa, en modo alguno, querer más o menos al fallecido, pues cada uno lo asimila y exterioriza a su manera. No obstante, es posible y se puede detallar algunos aspectos que relacionan e indican el tipo de duelo al que enfrentamos.

Recuperación del cuerpo. Cuando se produce un siniestro en el que no aparecen los cuerpos o se imposibilita su recuperación, se incrementa notablemente la dificultad en la aceptación y superación de esa pérdida. Los sicólogos hablan de cinco fases o etapas por las que transcurre el proceso de duelo, aunque es importante mencionar que, si bien es cierto en la mayoría de los casos suele producirse esta secuencia de fases con un mayor o menor intervalo de tiempo, también lo es que nada hay prescrito y habrá personas que viven este proceso de un modo completamente diferente al habitual.

La negación. Esta fase se asocia a las muertes repentinas e inesperadas con las que, al recibir la noticia, solemos quedarnos en estado de shock. No creemos ni asimilamos, en ese mismo instante, lo que escuchamos o dicen. No lo creemos posible. Es como si no estuviera pasando y, a menudo, no se produce ninguna reacción y el desconcierto es absoluto. En esta primera fase, a menudo, se aparenta, a modo de protección interna y externa, un estado de aceptación que en realidad todavía no ha llegado.

El enfado. Tras el shock surge el enfado y la culpa. Pensamos en todo lo que habríamos hecho y no hicimos, también daríamos lo que fuera para volver atrás y evitar lo sucedido. Es una etapa marcada por los sentimientos de rabia y estamos no muy receptivos a las palabras de consuelo. Sería bueno expresar las emociones, desahogarse y sacar todo lo que se tiene dentro.

La negociación. Después del enfado y de buscar culpables, somos conscientes de la realidad de los hechos y que no hay vuelta atrás. La pérdida, además de conmocionarnos, creará una desorganización personal que debemos recomponer para encontrar la manera de encajar la nueva situación, tanto a nivel interior como con el entorno.

La depresión. Es una etapa especialmente dolorosa, puesto que sentimos un enorme vacío que produce sufrimiento. La tristeza es tan profunda, que es relativamente fácil caer en una depresión. Esto forma parte del proceso y sería bueno que las personas que nos rodean y apoyan lo comprendan y nos den tiempo. No obstante, si la situación se extiende, para recuperarnos resultaría necesaria una ayuda profesional.

La aceptación. Esta fase implica una plena aceptación de la pérdida y, en muchos casos, supone un verdadero renacimiento. Superar no es olvidar. No olvidaremos jamás a esa persona y, siempre, la mantendremos viva en nuestro corazón; su recuerdo ya no creará dolor ni sufrimiento y, al contrario, puede fortalecernos y ayudarnos a afrontar situaciones difíciles en la vida. Encontraremos un lugar especial y estaremos listos para seguir adelante en nuestro camino.

Cabe destacar la enorme complejidad e intensidad que supone la pérdida de un cónyuge o un hijo. Probablemente, es la prueba más dura que cualquiera enfrente en la vida, puesto que los sentimientos son tan desgarradores que nadie, que no haya pasado por una situación similar, tiene la capacidad para comprender lo que supone este sufrimiento.

A muchos les resulta de gran ayuda acudir a grupos de apoyo con individuos que pasaron, o estén pasando, por una situación similar. Compartir experiencias, sentimientos y emociones con quien lo experimentó resulta muy consolador y liberador.

Las creencias religiosas y espirituales sirven, a veces de consuelo, si creemos en la existencia de un más allá en el que nos reencontraremos con nuestros seres queridos; no obstante, puede ser contraproducente, si lo que se consigue es distraernos del momento presente y de la necesidad de afrontar el proceso de pérdida.

El rol de la religión y fe. La historia de las religiones es tan antigua como la misma existencia de la humanidad. El hombre, desde siempre, se sintió muy vulnerable e insignificante frente a los fenómenos naturales; sobre todo, quienes hayan presenciado una fuerte tormenta con truenos, relámpagos y el viento soplando con fuerza. Es algo tan imponente, que no es de extrañar que en épocas antiguas estos fenómenos se atribuyeran al enfado de un ser supremo que habitaba en los cielos. Así, hemos estado -miles de años- agradando a los dioses con todo tipo de rituales, para que concedan prosperidad y prevenir o evitar su ira y poder destructivo.

Con el transcurso de los siglos, la ciencia se fue abriendo paso entre la ignorancia y develó uno a uno todos los misterios fenoménicos paralelamente a la evolución de la ciencia; aunque, mucho antes, llegaron los grandes maestros espirituales, como: Jesús, Buda, Mahoma, Lao Tse, etc., impulsando el lado espiritual de la humanidad y originando las diversas religiones. De tal modo que, las respuestas que no conseguimos a través del conocimiento científico respecto a las cuestiones existenciales, las dio la religión en sus diferentes versiones y -aunque no se trata de respuestas empíricas- son afirmaciones que requieren de la fe, que es esa creencia firme que se tiene sobre la existencia de un orden superior, que lo rige todo, y que nada tiene que ver con ese ser al que adorábamos -temerosos- en la antigüedad.

Tener fe es creer en una fuerza creadora amorosa y armoniosa a la que denominamos de muchas maneras, cada uno según sus creencias: Dios, Alá, Brahma, Amor, Consciencia Colectiva, Energía Cósmica, etc. El nombre que utilicemos no es importante, pues lo valioso es el hecho de creer y de saber que hay algo por encima de nosotros, que nacimos de ello y que, al finalizar nuestro camino, regresaremos a la fuente. Para tener fe, no es necesario seguir ninguna religión en concreto. Religión y fe no tienen por qué ir necesariamente juntas.

Si bien es cierto que todas las religiones basan su credo en la fe, hoy en día es habitual encontrar a personas no religiosas que tienen fe en algo que está por encima de ellos, aunque no sepan bien cómo definirlo. La búsqueda de la propia verdad es fundamental para no caer en una fe ciega a las enseñanzas que recibimos, pues en determinados momentos dicen que creamos incondicionalmente, aunque ello sea pura credulidad.

También están las personas **agnósticas o ateas,** las cuales niegan la existencia de un Dios como entidad superior; o tienen tantas dudas al respecto, que prefieren mantenerse al margen. Toda creencia o no creencia es muy respetable, inclusive la de quienes niegan la existencia del alma.

La mentalidad cartesiana es, en realidad, otro sistema de creencias basado en hechos y pruebas en el que se excluye todo aquello que no puede ser demostrado científicamente. Para ellos, la muerte es un final y punto. A quien se encuentre en este vacío sintiendo terror, miedo obsesivo (tanatofobia) y angustia, quizás sería recomendable recibir algún tipo de orientación espiritual o que indagara y profundizara sobre las diversas corrientes espirituales que existen en el mundo.

La búsqueda de la verdad a través del razonamiento mental nos llevará igualmente a la aceptación de la existencia de un alma inmortal, que no está sujeta a las leyes de la física tradicional y que sobrevive a la muerte biológica del cuerpo físico. Los que tienen alguna creencia espiritual o religiosa les ayudará a afrontar la muerte con paz y serenidad, contrario a que aquellas que no la tienen. La fe no se fuerza ni simula. Se tiene o no se tiene.

Un paso al más allá. Nos referimos a lo que viene después de la muerte. Para hablar de ello es importante respetar las creencias religiosas, pues todas son perfectamente válidas si lo que aportan es esperanza y confianza en lo que vendrá después. Para describir los instantes siguientes a la muerte física, nos remitiremos al testimonio que dejaron las múltiples de personas que tuvieron una experiencia cercana a la muerte.

Todos coinciden en una serie de descripciones, como la sensación de paz que les inunda por completo, su perfecta claridad de pensamiento, una gran ligereza corpórea y en la aparición de un camino, sendero o túnel, que se abre frente a ellos al que se dirigen con el anhelo de alcanzar la radiante luz que vislumbra al final. Esto lo escuchamos ciento de veces y no tenemos por qué dudar de estos testimonios, puesto que narran su experiencia en forma totalmente desinteresada y que provienen, además, de diferentes ámbitos sociales, culturales y religiosos. Tenemos testimonios de los que han regresado del estadio siguiente al final de ese camino que, de algún modo, parece la antesala a algo más. Veamos qué dicen las cuatro religiones mayoritarias sobre el tema.

El cristianismo. Habla de la resurrección tras la muerte. Jesucristo sacrificó su vida para liberar al hombre de sus pecados; así, todo cristiano arrepentido y absuelto de pecado mediante la confesión antes de morir, una vez fallezca, será recibido por Cristo en el cielo; lugar en el que permanecerá junto a él lleno de dicha y felicidad por toda la eternidad. La Biblia habla de un estado transitorio intermedio, denominado purgatorio, en el cual quienes cometieron pecados leves no confesados o graves y confesados en vida, pero sin cumplir toda la penitencia, se purificarán permaneciendo allí durante un determinado periodo de tiempo y sufriendo la lejanía de Dios hasta que limpien sus almas y se les permita una entrada definitiva en el cielo.

Los vivos ayudarán, mediante la oración, a que los difuntos pasen menos tiempo en el purgatorio; por último, está el infierno, lugar al que irán aquellos que mueran en pecado grave sin estar arrepentidos y los que no quieran recibir el perdón de Dios en la confesión. El infierno supone un castigo eterno y sin posibilidad de salvación.

El islamismo. Para los musulmanes, seguidores del islam, que vendría a ser la otra gran religión monoteísta, sucede algo parecido al cristianismo, aunque al cielo lo denominan "paraíso" y no tienen un equivalente al purgatorio. La salvación solo se consigue mediante la misericordia de Alá y para ellos se creerá en un solo Dios, en sus escrituras sagradas y en el profeta Mahoma; pero aun así solo se entrará al paraíso si es la voluntad de Alá. Se salvarán los niños que mueran antes de alcanzar la edad de la pubertad, independientemente de la fe de sus padres y de los pecados que cometieran por considerarse que no son todavía responsables de sus actos.

El hinduismo y budismo. Las dos religiones orientales con más adeptos en el mundo son el hinduismo, una religión politeísta la más antigua de todas; y el budismo, que es considerada no teísta, pues no se cree en un Dios y a la que denominan filosofía de vida más que religión. Las dos son muy diferentes entre sí, sin embargo, ambas hablan de la reencarnación como mecanismo necesario para la evolución del espíritu de cada persona; es decir, después de morir encarnamos de nuevo en otro cuerpo para eliminar las culpas y pecados e irnos purificando, poco a poco, a medida que desarrollamos y mejoramos nuestras cualidades humanas.

Este ciclo de reencarnación no cesará hasta que limpiemos por completo las imperfecciones e impurezas y sean trasmutadas en amor y bondad. Podemos emplear cientos de vidas para conseguirlo, pero una vez alcanzado ese grado de pureza espiritual nos convertiremos en seres de luz y quedaremos libres de la necesidad de regresar una y otra vez. Solo, entonces, volveremos a la Tierra de manera voluntaria, si así lo deseamos, y con el único propósito de ayudar a los demás en el camino evolutivo. También están los guías espirituales, que ayudan desde otro plano de la existencia y que vivieron, también aquí, como seres humanos.

Estas cuatro creencias religiosas o espirituales son las que actualmente tienen más seguidores en todo el mundo. Todas tienen sus propias escrituras, libros sagrados, profetas, maestros y santos que iluminan para que seamos mejores personas ante las tribulaciones de la vida; por eso, es importante recalcar que estas religiones o enfoques espirituales son recomendables para el ser humano, siempre que se comprendan correctamente, se practiquen y no se caiga en posiciones extremas. Lo verdaderamente importante es que cada uno siga las creencias que le aporten un mayor estado de paz y de esperanza.

LA RELIGIÓN Y LA ESPIRITUALIDAD

Como lo mencionamos anteriormente, existen religiones y cada una pone énfasis en uno u otro aspecto, pero las más grandes instituciones son el ateísmo, el agnosticismo, el budismo, el hinduismo, el judaísmo, el islamismo y el cristianismo. Es importante establecer una diferencia entre la religiosidad de lo que es el judaísmo, cristianismo y el islam de lo que es el taoísmo y el budismo.

A continuación, mencionaremos las diferencias más notorias entre la religión y la espiritualidad. La religión, en general, tiene un componente espiritual, mientras que la espiritualidad puede o no estar dentro de un contexto religioso. La religión incorpora rituales públicos y doctrinas organizadas; en cambio, la espiritualidad es personal y privada. La religión es una institución establecida por el hombre, mientras que la espiritualidad nace en la misma persona y se desarrolla en ella misma. Es algo que se encuentra profundamente en el interior; en realidad, es un estilo de vida y una manera de amar, aceptar y relacionarse con el mundo. Observemos estas consideraciones:

1. La religión sigue ciertos rituales y formalidades doctrinarias, en cambio la espiritualidad es para aquellos que quieren la ascensión espiritual sin dogmas. La religión tiene un conjunto de reglas dogmáticas incuestionables que se siguen, mientras que la espiritualidad cuestiona y cada uno asume las consecuencias de sus acciones. No hay una sola religión, sino cientos de formas de explicar a ese gran Dios; en cambio, hay un solo tipo de espiritualidad.

2. La religión es para los que necesitan de alguien que los oriente o ayude y la espiritualidad es para los que escuchan su voz interior. La religión es inculcada desde la infancia, guste o no, mientras que la espiritualidad es algo que buscamos y satisface, pues es agradable a nuestros sentimientos.

3. La religión habla del pecado y la culpa (temor), mientras que la espiritualidad se enfoca solo en el presente y recomienda no tener remordimientos por lo pasado, pues lo importante es elevar el espíritu y aprender de los errores. La religión reprime a la humanidad y nos sentimos culpables y arrepentidos, pedimos perdón; la espiritualidad transciende todo y hace que uno sea fiel a uno mismo.

4. En la religión hay jerarquías y en la espiritualidad la única jerarquía es el grado de consciencia, que es infinita. Los diversos tipos de religión en el mundo son causa de la división de los seres humanos, mientras que la espiritualidad causa la unión.

5. La religión es estática y todo está escrito. La espiritualidad es dinámica y se descubre poco a poco. En la religión no se investiga y no se cuestiona nada, se acepta y punto; en cambio, todo se cuestiona en la espiritualidad.

6. La religión sigue las enseñanzas de un líder sagrado, escrito por los hombres, y a sus escritos le llaman "palabra de Dios"; en cambio, la espiritualidad busca la santidad en los libros sagrados.

7. La religión se alimenta del miedo a pecar y de no ser bueno; por el contrario, la espiritualidad se nutre de la confianza de ser mejores. La religión nos busca para que creamos; en cambio, la espiritualidad es la causa de la búsqueda.

8. La religión está a cargo del hacer y la espiritualidad del Ser, también es fe; por el contrario, la espiritualidad es razonamiento lógico y leyes universales. La religión es adoración y la espiritualidad, meditación.

9. La religión vive en el confinamiento de la memoria y la espiritualidad en su libertad consciente. La religión busca fuera de nosotros y la espiritualidad da la luz para encontrar al propio ser interior.

La religión es la creencia en Dios o Dioses para adorarlos, utilizando casi siempre un comportamiento ritual; también la entendemos como un sistema específico de creencias y adoración, que en la mayoría de los casos tienen un código de ética; mientras la espiritualidad es el simple hecho de ser espiritual; no físico y no material. Es un enfoque sobre las cosas sutiles diferentes a las cosas terrenales.

Existen muchas formas de expresar la espiritualidad y todas son válidas, por ejemplo: meditar en posiciones físicas que implican situaciones no habituales, comulgar con la naturaleza, conversar con el espíritu y, la más usual, la quietud del pensamiento: establecer relación vibracional con los elementos y estados de la naturaleza: interna y externa. Espiritualidad deriva del latín Spiritus (alma) Alis (relativo a) y Dad (cualidad); por lo tanto, cuando hablamos de espiritualidad es el mundo etéreo y sutil, algo que no es material. El alma alienta al cuerpo para obrar. Es un don sobrenatural que todo ser humano tiene.

La religión es el nexo entre la relación del ser humano y lo divino, por consiguiente, los sacerdotes y pastores hablan de espiritualidad al referirse a asuntos religiosos; sin embargo, el vínculo entre el hombre y Dios es personal e íntimo sin necesidad de manifestaciones exteriores ni rituales. Asociamos a la espiritualidad a una búsqueda del sentido de la vida, que transciende lo mundano. La religión y la espiritualidad tienen en común que son métodos o formas válidas para tener una relación con Dios y, ambas, con frecuencia, son caminos para engrandecer al ser humano; pero la religión, casi siempre, asume que somos responsables ante un Dios o que hemos fallado y, si fallamos, necesitamos de un Salvador; en cambio, la espiritualidad asume que el mundo físico no es todo y estamos compuestos de materia y espíritu; en consecuencia, hay algo además del mundo físico con qué mantenernos en comunicación. Las religiones son dogmáticas y concluyentes y sus doctrinas son incuestionables, indiscutibles, indubitables, tajantes, terminantes y con conceptos absolutos.

Las religiones y la espiritualidad tienen en común el factor "teísta", donde ambas tendrían las creencias en un creador del universo, que es responsable de su mantenimiento y gobierno (cosmogonía); sin embargo, la mayoría que practica la espiritualidad sería "deísta", que filosóficamente aceptaría el conocimiento de la existencia y naturaleza de Dios por medio de la razón y la experiencia personal, en lugar de hacerlo, como lo hacen las religiones teístas a través de la fe, la tradición o revelaciones directas. Dios sería un creador y organizador del universo y, además, la primera causa de nuestra existencia.

En general, una persona espiritual es deísta, por lo tanto, se inclina a confirmar la existencia de Dios, pero no practica ninguna religión; en cambio, la religión siempre tiene un componente espiritual, mientras que la espiritualidad puede o no estar dentro de un contexto religioso.

NUESTRA MISIÓN EN ESTE MUNDO

Solo al conocer quiénes somos es más fácil comprender cuál es nuestra misión. En general, cada uno tiene la misma misión de aprender, servir y ayudar al mundo a evolucionar y elevarnos, también, hacia la fuente y a nuestro verdadero origen.

Despertar de la consciencia. Creemos que existe lo bueno y lo malo, pero esa forma de ver la vida es falsa, pues las cosas son diferentes y nada más. Todo es parte del mismo universo y del mismo creador. Esto significa que somos hermanos y, lejos de ser solo palabras, es una realidad. Somos parte del cosmos, del mismo equipo y del mismo origen. "Es como cuando vemos un átomo; sus partes son muy diferentes, pero forman el todo y lo que ocurre a cualquiera de sus elementos afecta a la totalidad". (Topi, 2010). Sin embargo, al llegar al mundo creemos que existe lo bueno y lo malo, porque lo enseñaron quienes vivían aquí y a ellos se lo dijeron, pero a nadie le consta que sea verdadero; por lo tanto, este conocimiento es adquirido por lo que escucharon o leyeron. Realmente lo que defendemos no consta, tampoco lo que aprendimos en las escuelas o lo que creemos saber.

A estas ideas ajenas se les llama **implantes** o creencias. Estas impiden ver la realidad y aceptamos, sin discutir, la de otros. Las reglas de vida ya estaban establecidas desde antes que reencarnáramos y así ocurre en cada ocasión que lo hacemos. Si somos energía y esta no se crea ni se destruye, solo se transforma; entonces, cuando acabemos este nivel de existencia aparecerá la gran pregunta: ¿a dónde va nuestra energía? o ¿qué hay más allá de esta vida? Estos cuestionamientos conducen a revisar las creencias falsas que nos enseñaron. Nos hicieron pensar que venimos a este mundo a tener la mejor ropa, el mejor carro, la mejor casa, etc.; no porque en realidad les importemos, sino porque les dejamos dinero. Cuando cuestionamos: ¿realmente a eso vinimos? ¿A dónde vamos después de esto y qué vacío sería nuestro Ser si fuera solo así? Pero, para suerte, venimos a impulsarnos sirviendo y, cuando lo logremos, regresaremos a nuestra verdadera casa cósmica para ser enviados por la ley de atracción nuevamente al nivel que corresponde (todo atrae su igual).

Si desarrollamos espiritualmente, dejaremos este mundo e iremos a otros o a niveles dimensionales mejores, donde no existe el sufrimiento como lo conocemos hasta hoy. Este mundo causa dolor, temor, ansiedad y está lleno de carencias y enfermedades. Y la única forma de evolucionar a niveles superiores es a través del amor, la compasión y ayudar a los demás. El universo tiene un orden y estamos incluidos.

Si estamos cansados de encarnar, siempre en las mismas o peores condiciones de existencia, es hora de tomar consciencia y hacer el cambio. Sería mejor que, terminando este ciclo de vida, pasemos a un mundo donde seamos los que ayudemos, impulsemos y orientemos a otros seres de esta dimensión física.

El único camino para lograr el desarrollo espiritual es a través del amor, el perdón y la paz. No nos preocupemos en cómo se portan o conducen los demás o cuánto ofenden, pues al dejar este cuerpo rendiremos cuentas a nosotros mismos. Dejemos que cada uno rinda las suyas, pues ya tendrán sus propias sorpresas. Y si nuestro crecimiento fue grande estaremos libres del sufrimiento de los mundos como este, ya que existiremos en otros mejores; y nos referimos no solo a planetas, sino a niveles, dimensiones y planos de existencia.

Subamos nuestro nivel de vibración energética y ayudemos a progresar a seres que se encuentren en niveles inferiores. Analicemos por qué cuando las personas están en problemas muy serios, hasta los que no creen en Dios, se acercan a otras personas a orar y pedir. Pensemos por un momento quiénes son los que ayudan cuando las personas no creen en nada y cuando vivimos por vivir, es decir, sobreviviendo; cuando sentimos que nuestra vida está vacía o tenemos una depresión aguda sintiendo indiferencia, desamor, ansiedad, angustia, temor, etc.

¿Cuándo dejamos de reencarnar en el mismo plano? Solo cuando aprendamos lo que debíamos aprender en este plano o nivel de existencia es que dejaremos de reencarnar. Aprender algo tan simple, como que somos parte de lo mismo, parte del universo, interdependientes y del mismo equipo; en consecuencia, demos sin interés en recibir, pues solo así recibiremos multiplicado. En esta acción incluiremos a individuos que no son familiares ni seres queridos y, en algunas ocasiones hacerlo, incluso, con personas que no aceptamos su forma de actuar, quizás con una sonrisa, un saludo, un consejo o algo que no imaginamos siempre sin esperar nada a cambio, porque, de lo contrario, obtendremos duras decepciones que nos retrocederán nuevamente al plano que ya dejábamos.

Algunos vivirán solo para su conveniencia, sin importarles a quiénes perjudiquen; mientras otros más evolucionados, ya aprendieron que vivir de esa forma causa demasiado dolor y sufrimiento, pues la agresividad solo genera dolor y enfermedades graves; es como vivir, según nuestras creencias, en el mismo infierno.

El infierno es un estado que vivimos a diario, cuando lo hacemos agrediendo y a la defensiva. Solo nosotros tenemos la decisión y responsabilidad de vivir sintiéndonos felices y en paz. Algunos necesitan años para aprender y entender cómo vivir de otra manera. Y cuando descubren que la agresividad solo genera dolor, sufrimiento y enfermedad es cuando, cansados de vivir así, cambian para existir en armonía con los demás. El sufrimiento da un gran aprendizaje, pero no es el único camino. La otra alternativa es tomar consciencia.

¿Cómo tomar consciencia? Por la manera en que nos educaron, pensamos que algo es malo o bueno, pero no es así de simple, ya que las cosas no son ni buenas ni malas. La forma cómo percibimos es lo que hace valorar qué es bueno o malo. Estas creencias son las que causan emociones y pensamientos, que atraen consecuencias a nuestro mundo físico. Todo lo que ocurre en el mundo es parte de la naturaleza de la creación. El mal solo existe en nuestra mente, ya que cuando ignoramos un problema este desaparece.

Lo que consideramos bueno o malo solo son creencias; la mayor parte crea un mundo de falsa realidad con ideas equivocadas de los hechos, lo que explicaremos a continuación.

En lo individual. A tener miedos y emociones negativas, por consiguiente, desequilibrios y bloqueos energéticos; los cuales afectarán, en algún momento, el funcionamiento de glándulas y órganos alterando el control del cuerpo hasta permitir el acceso de virus y otros seres microscópicos; y, finalmente, convertirse en una enfermedad, consecuentemente creemos que son incurables.

En lo social. Nos lleva a dividirnos y a sentirnos diferentes, unos de otros, ocasionando el fanatismo, pues si alguien no piensa lo mismo, no le gusta lo que a nosotros, no tiene nuestras creencias y religión o no pertenece al mismo partido o al mismo equipo, etc. nos separamos o aprendemos a hacerlo. Al dividirnos somos presa fácil del miedo y la tristeza, que son sentimientos que se mantuvieron en este mundo para que, de esta forma, genere enfermedades que dejan jugosas ganancias; razón por la cual siempre anuncian cosas negativas y venden ese veneno encapsulado o enlatado; y solo imaginémonos cuánto dinero deja a los laboratorios. Del mismo modo entretienen con los ídolos del deporte o del arte, diciéndonos que divierten. Pensemos cómo entregaremos las cuentas al terminar nuestro ciclo de vida, si solo venimos a divertirnos. El mundo no se acaba, pues solo termina nuestro episodio de vida, pero le seguirán otras y otras, hasta que aprendamos el mensaje.

Concluyendo, las cosas ni son buenas ni son malas, sino solamente diferentes puntos de vista de entendimiento. Cuando pensamos que, lo que enseñaron desde pequeños, está bien y es correcto; es porque así lo escuchamos sin analizarlo ni razonar, de esta manera, nos limitamos al aceptar lo que cuentan sobre la realidad.

No es difícil sentarse algunos minutos diarios a pensar antes de dormir o, inclusive, mejor aún, al despertar a media noche cuando estamos despejados. Peguntarnos: ¿quiénes somos o qué hacemos aquí?, ¿el dinero es lo que más importa?, ¿para qué estamos aquí?, ¿lo que tengo es lo más importante? o ¿mi apariencia externa es realmente lo más importante?

¿Quiénes somos? Somos seres divinos que ocupamos un cuerpo y somos multidimensionales. Ya la ciencia acepta que la mente no es física. Está en otros planos de existencia o dimensiones, pero tenemos cuerpos no físicos, por ejemplo: el emocional, el espiritual, el eterio, el astral, etc. La ciencia aun no explica por qué pensamos o cómo lo hacemos. Sabe que existe el pensamiento, pero no se le ubica en el cerebro, porque no es allí donde se hace.

El aura somos nosotros: un campo de energía y magnético que, alrededor del cuerpo, está interconectado al universo entero. Ahí tenemos grabado lo que fuimos desde el principio de las encarnaciones, inclusive tenemos inscrito nuestras vidas futuras, porque el tiempo no existe como lo percibimos, ni tampoco el espacio. En el mundo espiritual (cuántico) no existe tiempo ni espacio, pues es energía. Es, por eso, que posiblemente tengamos recuerdos de cuando éramos niños y que, al acercarse una persona, inclusive sin verla, sabemos que estaba ahí antes de voltear a verla, porque la sentíamos y percibíamos su aura. Otro fenómeno que conduce a deducir el mundo espiritual es cuando soñamos algo que pasará antes que suceda; es decir, viajamos en el tiempo y se le llama "clarividencia", entonces sucede cuando entramos a un lugar y sentimos que estuvimos antes (Dejavu), aunque bien sabemos que, físicamente, es la primera vez que caminamos en ese espacio. Viajamos a otros tiempos y dimensiones. Cuando dormimos estamos como ausentes, pues nuestra consciencia viajaría a otros lugares. Nuestro ser está en otras dimensiones. Cuando, a veces, vemos cosas raras y nos asusta el hecho de no entender qué o quiénes son deduciríamos que cruzamos dimensiones y que nos interconectamos.

Cuando conocemos a alguien, sentimos que cae bien o mal; en realidad, percibimos su aura. Al sentirnos bien significa que esta energía está en la misma vibración o nivel energético que nosotros; y si no ocurre, entonces chocarán y se rechazarán; por consiguiente, no caerá bien. A veces, sabemos con precisión lo que alguien hace o piensa y es porque interconectamos como red y sincronizamos; a este fenómeno se llama: "telepatía" o "intuición"; del mismo modo, cuando pensamos profundamente en alguien y, de pronto, lo encontramos o nos llama. Es otro claro ejemplo de telepatía o interconexión.

¿De dónde venimos? Somos un campo de energía y magnetismo, como los imanes, y, por supuesto, energía que es invisible para los órganos sensoriales, especialmente para los ojos. Quizás no recordemos qué pasó antes de venir, cómo elegimos la manera en que queríamos vivir y el tipo de padres e, incluso, nuestros rasgos físicos. Alguien tuvo que explicar las ventajas y desventajas de elegir una u otra cosa. Una vez que completamos las elecciones viajamos, en milésimas de segundos, acompañados de seres iguales que nosotros, sin cuerpo y sin naves. Nos acompañaban por el espacio para llegar a este planeta. El viaje es casi instantáneo. Y estos seres guías nos orientan en todo. Indican que, al nacer, olvidaremos todo, incluso hasta de ellos, pero que en el fondo sabremos de su existencia y nuestra misión. Nos informan que siempre estarán hasta el día en que regresemos a casa. Finalmente, nacemos y, por supuesto, no recordaremos nada.

Aunque la ciencia se desarrolla cada día más, aun los científicos aceptan que hay cosas qué existen, pero que no tienen los medios ni la tecnología para explicarlo y, si contaran con esta tecnología, lo más probable es que la usarían para bien de unos cuantos y ocultarían información al resto de la población, porque el conocimiento es poder y no lo perderán.

Somos un campo de energía que mantiene vivo al cuerpo, que utilizamos como vehículo. Receptores de energía que transformamos en lo que queremos. Cuando se daña genera desequilibrios, enfermedades y debilidades que afectarán a todo el cuerpo físico, principalmente. Si rompemos la armonía, dañaremos el campo que la protege. El agrietamiento permitirá que otro tipo de energía y de baja vibración penetre en el nuestro y nos controle. Estas energías se alimentan de la negatividad que tenemos, de miedos y de lo que tiene baja vibración, provocando enfermedades.

¿Cómo mejorar la salud? La forma de retirar estas energías negativas es con amor, pero, al hacerlo, no utilicemos rudeza o agresividad, pues esa baja vibración ocasionaría daño. Tampoco rezando ni adorando imágenes, ni haciendo una señal de la cruz o algún ritual. La única forma de lograrlo es solo con amor. Todo ser es energía y hay infinidad de seres. No les pongamos un nombre, como espíritus buenos y malos, solo llamémoslo "energías". Y las de baja vibración no estarán donde hay amor, pues este sentimiento es la más alta de las vibraciones.

Observemos lo que el pensamiento le hace al agua. Hay personas que curan con las manos o, inclusive, sanan a distancia. Los que ayudan a sanar solo tienen la firme voluntad y deseo de curarnos y funciona solo orando o concentrando su energía. No requieren más que tener la intención profunda para lograrlo. Otra forma sería sentir serenidad, paz y, relajadamente, desde el fondo del corazón pedir a Dios que permita la sanación. La energía que el universo tiene encargada para esta función fluirá y la hará realidad. Es una técnica que siempre existió. Para que la sanación sea permanente requiere un cambio en la actitud. No haremos nada en contra de la voluntad, pues encontremos el amor divino, la paz, la armonía, la estabilidad y la felicidad. No están fuera, sino dentro. No busquemos en el mundo exterior lo que está dentro, pues en el interior están las respuestas. La iluminación surge de ahí. Nadie dará lo que no tiene.

Nuestra misión en la vida. La misión más importante es tener un gran corazón para servir armónicamente a lo que rodea. El pensamiento es vibración energética y atraemos lo que pensamos. Si sentimos miedos, eso es lo que traemos. Tengamos cuidado con los pensamientos y con las emociones, pues podemos materializarlos. La palabra tiene su origen en el pensamiento y es consciencia; ya que lo que hablamos influye en la realidad.

LEYES UNIVERSALES DE LA METAFÍSICA

Conociendo estas leyes llegaremos a la conclusión de que nada es casual y que todo obedece a las leyes de la metafísica. (Círculo metafísico, 2005).

Ley del mentalismo. El futuro lo fabricamos de acuerdo con los pensamientos. "Ni tus peores enemigos pueden hacerte tanto daño, como tus propios pensamientos", decía Buda.

Ley de causa y efecto. Dios no castiga o premia, pues él nos ama profundamente dándonos su energía de luz o energía cósmica. Veremos que sus leyes encausan y guían la evolución, devolviéndonos multiplicadas nuestras obras.

Ley de la generación. Entendamos y aceptemos que la evolución es la única realidad infinita y que la vida, en su esencia, es energía inmortal, ya que nada se pierde o se muere; por el contrario, todo se transforma y continúa su evolución.

Ley de vibración o frecuencia. Existía desde hace miles de años. La ciencia, a través de la tecnología actual, redescubrió que el mundo material se compone por átomos, electrones y, de acuerdo con la frecuencia en que vibran, se cataloga el tipo de materia.

Ley de la polaridad. Se conocía que la ciencia actual lo descubriera. Manifiesta que la materia tiene dos polos: el negativo y positivo, frío y calor, alto y bajo, etc. Esta ley dice que es una cuestión de grados en la escala de los opuestos y que, tanto el frío como el calor y el bien como el mal, son solo cuestión de grados en su escala y, en definitiva, son la misma cosa: las dos caras de una misma moneda.

La ley de la correspondencia. Nos responde al gran enigma del microcosmos y macrocosmos. Esta ley dice que: como es arriba es abajo y que la ley rige tanto en el micro como en el macro y en el mundo visible e invisible. Hoy sabemos que el átomo se asemeja a un sistema solar con sus planetas (electrones), girando alrededor del sol (núcleo del átomo).

La ley del ritmo. Todo fluye y refluye, y que a una época negativa le sigue una positiva; pues, lo que sube, cae. Esta es la ley del péndulo y en una oscilación toca las dos polaridades pasando por una gama de grados. En el mundo fenoménico esta ley la vemos constantemente a través de la noche y el día, el nacimiento y la muerte, la guerra y la paz. La ley física de Newton (gravedad) muestra claramente cómo funciona la metafísica del ritmo.

LEYES ESPIRITUALES Y DE LA METAFÍSICA

Una vez que analicemos lo acontecido en nuestras vidas, desde la perspectiva de estas leyes de la espiritualidad, la actitud frente a muchas situaciones y circunstancias será completamente diferente.

La primera ley: la persona que llega es la persona correcta. Nadie llega por casualidad, pues los que nos rodean e interactúan están allí por algo y la principal razón es aprender y avanzar en cada situación. Cada uno es un maestro y, en algunos casos, somos alumnos. Siempre, lo que resistimos persiste, así que la vida pondrá individuos de quienes no soportamos algo para aprender y, hasta que no lo hagamos, no nos graduaremos en ese aspecto.

A veces aparecen individuos que se convierten en una linterna, que alumbra nuestro camino, y nos guían hacia dónde ir y no es necesariamente por donde creíamos que era correcto. Consideremos que, en ocasiones, lo que molesta de alguien es lo que quizás debiéramos trabajar; entonces, valoraremos lo bueno de cada uno, pues de todos aprendemos. Lo importante es identificar qué aportan los demás a nuestra evolución (Aryuveda del Tíbet, 2005).

Si recibimos rechazos, agresiones o burlas devolvámoslo con algo constructivo, cuando sea posible. A veces es difícil ser buenos con grandes maestros, que irritan y sacan de equilibrio. Si lo reconsideramos bien, veremos que es posible, porque, al final y al transcurrir el tiempo, les agradeceremos, pues creíamos que hacían la vida imposible y fueron quienes nos apoyaron. Todo lo que ocurre ayuda y deberíamos ver siempre el lado bueno de las cosas y de las personas. En lo que sucede siempre existe el lado positivo, entonces, solo debemos descubrirlo.

La segunda ley: lo que sucede es la única cosa que podía haber sucedido. Absolutamente nada de lo que sucedió en nuestras vidas pudo ser de otra manera, ni siquiera el detalle más insignificante. No existe la afirmación que hacemos: *"si hubiera hecho tal cosa, hubiera sucedido tal otra"*. Lo que sucedió fue lo único que pudo pasar y tuvo que ser así para que aprendamos esa lección y sigamos adelante. Todas y cada una de las situaciones que suceden son perfectas, aunque la mente y el ego se resistan y no lo acepten. Lo hecho, hecho está. Pensamos que es cuestión de mala suerte cuando ocurre algo que no deseamos y la verdad es que esa posibilidad no existe, pues cuando tomamos un camino, de pronto, llevará a donde deseamos o, también, a aprender algo que falta para alcanzar un nivel alto en el desarrollo espiritual. "Entonces, la cuestión es no amargarnos ni arrepentirnos de lo que hicimos y saber que solo tenemos una vida" (Aryuveda del Tíbet, 2005).

Cuando algo no sale como planeamos o visualizamos, simplemente agradezcamos porque ese aprendizaje es necesario y solo preguntémonos qué es lo que la vida quería que aprendiéramos de esa situación; en vez de preguntarnos el porqué, aceptemos que, todo lo que ocurre, nosotros mismos lo atraemos en clave del propio proceso de evolución de consciencia. Todo tiene su momento y su lugar, pues lo sucedido fue perfecto y no hay otra opción. No podemos evitar pasos necesarios en la evolución de nuestra espiritualidad.

La tercera ley: en cualquier momento es el momento correcto. Todo comienza en el momento indicado, ni antes ni después, pues eso no lo decidimos. Solo cuando estemos preparados para que algo nuevo empiece en nuestras vidas es, en ese momento, que comenzará. Esto refuerza la anterior ley, ya que lo que ocurre fortalece quizás no como lo esperábamos, pero estemos seguros de que el universo, la vida, Dios o la energía cósmica sorprenderán con algo tremendamente mejor. Lo que sucede es lo que atraemos conscientes o no y, si algo todavía no se manifiesta, es porque aún tenemos que aprender más. Todo ocurre cuando tiene que ocurrir: ni antes ni después.

Siempre la vida concede más de lo que esperamos, pero tengamos la actitud y humildad de aceptar que es en el momento que debe ser y no cuando creemos que ocurrirá. Mientras sucedan las cosas disfrutemos lo que tenemos, pues de otra manera, siempre, nos frustraremos al pensar en lo que deseamos y no agradecer lo que sí tenemos.

La cuarta ley: cuando algo termina, termina. Si algo terminó es en beneficio de nuestra evolución, y debemos dejarlo, avanzar con esa experiencia sin discutir, sin cuestionar y solo cambiar la página; sin complicarse, sin depresiones ni tristezas por lo que no es o no fue. Pensemos en el aquí y el ahora. Avancemos con lo que la vida pone en el camino, sin mirar atrás. Concentrémonos en lo que deseamos, desde donde estemos y con lo que aprendimos. Imaginemos en qué hacer para llegar a donde deseamos. A veces es recomendable y necesario un periodo de luto por algo que se terminó, como una relación de pareja o muerte de un familiar, pero no permitamos que ese sentimiento nos desgaste por mucho tiempo, porque la vida es lo único que tenemos y, lo que ocurrió, no lo cambiaremos.

APORTES DE LA FÍSICA CUÁNTICA

El físico y matemático alemán Max Planck (1900) es considerado el fundador de la física cuántica, pero, antes de llegar a eso, conozcamos algo de la física clásica. Isaac Newton compendió el poder de las matemáticas y descubrió que no solo se resumen algunos hechos en una simple ecuación, sino que, además, se utilizan estas ecuaciones para predecir el futuro. Lo que descubrió es que el mundo es fundamentalmente predecible. Después, James Clear Maxwell demostró que la electricidad y el magnetismo también se resumen con algunas ecuaciones matemáticas. Sus ecuaciones tuvieron una tremenda repercusión en el desarrollo tecnológico en el siglo XX. Todo lo que vemos a nuestro alrededor: la televisión, los teléfonos móviles y muchas de las herramientas tecnológicas que utilizamos diariamente son el resultado de esta tremenda revolución.

Los aportes de Newton y Maxwell se relacionan con los científicos de la época, que pensaban cómo funcionaba el mundo real. Las cosas orbitaban alrededor de las otras y casi todo lo que se trasmitía, incluida la luz, se hacían en forma de ondas como se ven cuando las gotas caen sobre el agua. A estas brillantes observaciones las llamaremos "el mundo clásico", que es un mundo donde todo es predecible y resulta familiar. Lo que nos lleva a Max Planck, quien introdujo la era cuántica: la del láser, los discos compactos, las computadoras y los dispositivos de comunicación personal.

Planck, lo que estudiaba, en realidad, era por qué los objetos cambian de color cuando se calientan; al igual que Isaac Newton, que utilizó las leyes de la física clásica para describir el mundo familiar que rodea. Planck también utilizó este método para entender por qué los objetos cambiaban de color al calentarse, pero lo que descubrió es que las leyes de la física clásica no funcionaban. La respuesta que daban no era válida, por lo que aplicó un método completamente nuevo y un conjunto de hipótesis matemáticas nuevas que funcionaron, pues consiguió la respuesta correcta. El problema era que esta nueva hipótesis no se ajustaba a las leyes de la física clásica.

Planck dio una explicación muy precisa, pero que ni él mismo la creía. El primero que tomó en serio la idea de Planck fue Albert Einstein, quien descubrió algo que Planck no creía: que la luz no solo es una onda continua, sino que, a veces, se comporta como una partícula; a lo que los físicos llaman, actualmente, "la dualidad onda/partícula".

Uno de los mayores logros de Einstein, por el que obtuvo un Premio Nobel, fue al darse cuenta que **la luz actúa como si llegara en fragmentos** y a pedazos a cuantos; los cuantos de luz se llaman fotones y la sospecha de este hecho apareció en la obra de Max Planck, pero para él era solo un artificio matemático. Einstein descubrió que no se trataba de matemáticas, sino de física y, gracias a ello, se realizaron aportes para demostrar, a través de experimentos, que no se explican con las ondas.

Max Born, físico matemático alemán, obtuvo el Premio Nobel en física en 1954. Aportó datos a la teoría cuántica, al explicar la estructura del átomo usando ecuaciones simples. Born fue capaz de exponer las propiedades de los átomos utilizando la mecánica de la física cuántica; para ello utilizó un patrón conocido como "modelo planetario", que es similar al de la Tierra que gira al rededor del Sol, donde, en el caso de los átomos, los electrones giran alrededor del núcleo. Las matemáticas de Born mostraron que los electrones no orbitaban alrededor del núcleo de un átomo, como los planetas que orbitan alrededor del Sol, sino que giraban alrededor del núcleo a ciertas distancias concretas (lo que los físicos cuánticos denominan "distancias discretas" o "cuantificación"). Y esto resultó novedoso para una generación de físicos educados en la noción de que las cosas cambian ligeramente; por ejemplo, la forma en que la Luna gira alrededor de la Tierra y la Tierra alrededor del Sol.

Pero la teoría de Born suponía que los electrones se comportaban como partículas, hasta que apareció el físico francés Louis de Broglie, quien mostró que las órbitas atómicas se explican suponiendo que los electrones, que normalmente se consideran partículas, también se comportan como ondas; sin embargo, estos postulados no explicaban todo el fenómeno. El enigma cuántico consistía en unos puntos desconectados que iban de Planck a Einstein, luego a Born y, finalmente, a Louis de Broglie, físico francés, quien destacó en el campo de la física experimental concerniente al estudio del átomo. Es quien desarrolló la teoría que hacía falta para conectar los puntos y aclarar cómo una onda actuaba como una partícula, y viceversa, explicando el misterio de la dualidad: onda partícula de la luz y la materia.

En 1925 Erwin Schrödinger formuló la famosa ecuación que lleva su nombre: "La paradoja de Schrödinger". Centró las bases de una teoría completamente nueva sobre la mecánica cuántica y esta no solo dio a los científicos una receta universal para comprender los fenómenos cuánticos anteriores, sino que también les proporcionó una manera sistemática de explorar el mundo atómico para encontrar los efectos cuánticos nuevos e inesperados. En definitiva, la teoría cuántica supuso para los científicos lo que, probablemente, es la teoría más exacta y potente jamás concebida por la humanidad (Kaku, 2014). El famoso experimento mental de Schrödinger se conoce como "el gato de Schrödinger". Es una especie de parábola sobre la idea de la superposición cuántica. A él le preocupaba las repercusiones de la teoría cuántica, que son aparentes paradójicas sobre la mecánica cuántica. Su investigación demostró lo absurda que era la mecánica cuántica y, para ello, se le ocurrió un experimento mental. La idea era la siguiente: *cogemos un gato y lo metemos en una caja totalmente aislado del exterior. En la caja también hay un martillo y una probeta llena de cianuro, además la caja tiene un mecanismo de control accionado por un solo átomo que puede descomponerse radiactivamente. Cuando el átomo se descompone, el detector activa el martillo de modo que se rompe el frasco y se libera el cianuro y eso matará al gato; y si no se emite la partícula, no se libera el veneno y el gato no muere.*

Después de una hora hay una probabilidad del 50% de que el contador detecte algo; hasta que no miremos adentro, existe la probabilidad de que el gato esté o bien vivo o muerto. Si creemos en la mecánica cuántica, en ese momento el gato se encuentra, que está a la vez vivo y muerto. Lo que Schrödinger demostró es lo absurdo en pensar que el gato esté al mismo tiempo vivo y muerto, solo porque sea descrito por una superposición y que, del mismo modo, reconsiderar la idea de los electrones en superposición. Una de las respuestas que daríamos es que nos negamos a responder a la pregunta. Diríamos que la teoría cuántica es solo un conjunto de reglas para calcular dónde detectamos la luz y nada más. Es la escuela del cállate y calcula.

Si bien el descubrimiento de la teoría cuántica fue útil como herramienta científica, hizo posible muchas de las tecnologías de hoy en día. En realidad, planteó más preguntas que respuestas y muchas de estas las ilustra el experimento de la doble rendija. Thomas Young en 1801 realizó el experimento en un intento de discernir sobre la naturaleza corpuscular u ondulatoria de la luz. Es una metáfora para explicar la dualidad onda partícula, porque en la física clásica tenemos ondas como las sonoras o electromagnéticas y, también, partículas como las bolas de billar (Kaku, 2014). Pero, a partir de la mecánica cuántica, se descubre que una partícula como un electrón, a veces, también, se comporta como una onda. El experimento de la doble rendija es interesante para los físicos y fascinante para los interesados, porque contiene la esencia de la mecánica cuántica.

En el experimento de la doble rendija un haz de electrones se proyecta sobre un panel con dos rendijas estrechas en paralelo y, luego, sobre una pantalla. Cuando se hace el experimento con las luces encendidas no ocurre nada inusual, pues los electrones forman el mismo patrón en la pantalla, que se esperaría de una bolita de papel mascado, de un chicle o, incluso, de un tomate; pero cuando se apagan las luces, sucede algo sorprendente. Lo que observamos en la pantalla es una serie de máximos y mínimos que se denomina patrón de interferencias. Los máximos son los sitios donde se acumulan los electrones y los mínimos son lugares que evitan. El patrón de interferencia es lo que esperaríamos ver al enviar ondas y no partículas en la doble rendija.

La diferencia fundamental entre la física clásica y la cuántica es que, en la primera, se predice tanto las posiciones como la velocidad de las partículas; mientras que, en la segunda, no se puede predecir ni lo uno ni lo otro. Porque el resultado es diferente en la pantalla, según esté encendida o apagada la luz; ya que en la física clásica el universo funciona, independientemente, que lo entendamos o no, en consecuencia, detectamos que nunca cambia, pues funciona según sus propias leyes o normas. Este no es el caso de la mecánica cuántica, donde sí observamos que algo, el solo hecho de observar, modifica su comportamiento.

La cuestión es: ¿cómo es posible que, en el mundo cuántico, solo por medio de la observación afectemos el modo de comportarse algo? En el día a día observar significa solo mirar, solo es una mirada pasiva, pero sabemos que para hacerlo siempre se requiere luz; pero, en el mundo cuántico la luz viene en fragmentos llamados fotones y, para verlo, apagamos las luces del cine y vemos de nuevo lo que dicen los científicos, cuando usan las palabras observación y medición (Kaku, 2014).

Para observar cómo pasan los electrones por las dos rendijas hay que arrojar luz sobre ellos y, al hacerlo, los fotones causan que los electrones se comporten de un modo diferente; en este caso, los fotones hacen que los electrones actúen como partículas por lo que el patrón de interferencia en la pantalla desaparece y, ahora que sabemos qué pasa cuando las luces están encendidas, la pregunta sería: ¿qué ocurre cuando las luces están apagadas? Y sobre esta cuestión los científicos tienen diferentes opiniones y algunas teorías impactantes.

Del experimento de la doble rendija se desprende que, mientras que un objeto cuántico no se mide o no interacciona con su entorno, por lo general, no tiene una posición definida; normalmente, se distribuye en muchas posiciones. Es lo que se denomina "superposición cuántica". Los objetos cuánticos se comportan como si fueran e hicieran varias cosas al mismo tiempo. Los electrones pueden pasar por dos ranuras diferentes a la vez.

Los físicos dan todo tipo de respuestas, pero no hay un acuerdo general y, probablemente, pasará tiempo antes de que se llegue a un consenso. Ahora bien, mientras que los físicos se ponen de acuerdo en que el gato puede estar vivo y muerto a la vez, lo importante es que la superposición no se explica en los términos de los conceptos clásicos y es lo que hace que la mecánica cuántica sea tan intrigante.

En este artículo solo tratamos ligeramente el tema de la física cuántica. El principal objetivo es tener un marco de referencia de la forma cómo ahora están reconsiderando los fenómenos que, anteriormente, se creían descartados, debido a que no cumplían con la rigurosidad de la metodología científica; es decir, en la observación directa, medición y control de variables. Razones por las cuales no se estudiaban.

El ser humano es más que un ente físico, mental y emocional. Es espiritual. Es un ser en el que la energía es lo primordial y no podemos dejar de estudiar algo tan importante. Utilicemos la concepción teórica y la tecnología moderna, desarrollada por la física cuántica, para establecer el enlace entre los constructos teóricos y lo empírico. Quizás debamos replantear, desde dentro de la academia científica, un nuevo modelo que permita, ahora sí, estudiar aspectos del ser humano que antes no se podían realizar (Merlo, 2007).

LA FÍSICA CUÁNTICA Y LA ESPIRITUALIDAD

Místicos y científicos dicen las mismas cosas, pero con lenguajes diferentes. Desde hace 4,000 años los "vedas", que son textos sagrados desarrollados por los hindúes como los upanischads, ya hablaban de ese comportamiento dual de la materia. También de la importancia del observador como creador de la realidad. Ahora se sientan en la misma mesa científicos y místicos y crean momentos muy interesantes en la ciencia, ya que, por fin, abren sus paradigmas y están dispuestos a escuchar.

La consciencia y el observador cocrean la realidad. Nosotros, como seres humanos, no solo somos observadores del mundo, sino que, también, protagonistas de él y lo moderamos hasta cierto punto. Ya no se acepta que las cosas pasan, sino hacemos que pasen y lo concebimos poniendo atención e intención; ya que los pensamientos conscientes o inconscientes alteran la vida de las personas y no solo con pensar en algo o desearlo, sino que es también necesario la emoción que pongamos. Debemos, igualmente, convencernos de que eso ocurrirá, pues es necesario la fe (Física cuántica, 2016).

El esoterismo es más antiguo que la física cuántica. Estuvieron separados por siglos, pero ahora la cuántica es una puerta que permite conectar ambos conocimientos, que impulsó un principio de consciencia en los físicos del siglo XX; desconcertantes para muchos, pues era y es difícil aceptar los fenómenos que se describen. Lo que ocurre con la cuántica es que sus leyes en la física solo se cumplen en las partículas muy pequeñas y no en el campo macroscópico. Y, viceversa, en la física tradicional.

El término materia proviene de la raíz mater y es la madre del espíritu. Los filósofos antiguos sabían que la materia, en el fondo, es el espíritu denso y materializado. La materia es energía y, dentro de la energía, hay átomos y moléculas. La cuántica muestra menos de lo que antes creíamos. El cientificismo necesitaba, de alguna manera, saber esto. Lo que la física hace es crear modelos mentales para interpretar la realidad que, sorprendentemente, predicen futuros; lo cual es el objetivo principal de todo conocimiento científico. Nos referimos a la predicción.

Lo semejante atrae a lo semejante. En el universo todo se encuentra en estado vibratorio. Cada pensamiento y sentimiento emite un estado de vibración; el universo lo recibe y responde con lo que le pedimos. Somos seres espirituales (energía) operando en un campo de energía aun mayor y estamos conectados, pues no existe un allá afuera y un aquí dentro. Estamos interconectados y lo único que cambia es el nivel de vibración.

Existe una disgregación física y una disgregación emocional. Existen diversos modos de densidad y un nivel sería el físico, el pensamiento, las emociones, etc. Lo que los físicos no establecen es dónde empieza y termina el organismo; y lo que tocamos y vemos de nuestro ser. Y dónde termina cada uno de nosotros, realmente. En el fondo estamos conectados a nivel de densidad no físicamente, pues no observamos y no vemos esa conexión. Es una especie de conexión cuántica (empática y telepática). Nuestros pensamientos influyen, en nosotros y en los otros, así como existen las ondas de telefonía y de radio, también, hay ondas del campo áurico; y todo el organismo igualmente desprende energía.

La consciencia no es lo mismo que la mente. La física, a través de Einstein, equiparó la energía y la materia; ahora, estamos más allá de la mente, pues nos encontramos en la consciencia. Es la que, al final, crea las leyes; por eso, cuando tenemos pensamientos positivos, a veces no son suficientes; pero, cuando agregamos emociones aumentan su poder. Detrás está la consciencia, que es un tipo de energía más sutil y es la misma que sustenta esas leyes, y que, en determinado momento y situación, podría cambiarlas.

La conciencia no en términos sociales, éticos o morales. Hablando en términos de sutileza nos referimos a lo que hay atrás de la mente: la materia, la energía, los pensamientos, las emociones y, de forma más sutil, "la consciencia", que, finalmente, es lo que maneja todo. Nosotros somos parte de esa consciencia y creamos la ley de atracción y las leyes físicas. Lo que pasa es que somos partículas aparentemente aisladas y le otorgamos a la mente el poder de hacernos creer en la dualidad y la separación. Esto separa lo que es mente de lo que es consciencia.

El concepto de separación es un juego de la mente. El teorema de Bell dice: "Todo en el universo está unido en todo momento y en todo lugar". Se experimentó a través de dos partículas que estuvieron juntas y se les separaron; luego, se llevaron a extremos opuestos en el universo y una actúa e interactúa de igual forma a lo que le ocurre a la otra en el otro lugar. Todos tenemos un mismo origen, pues venimos del Big Bang y somos parte del **Uno**; desde ese momento, siempre estaremos correlacionados e influyéndonos mutuamente de manera sutil; por consiguiente, la separación no existe en realidad y no existió nunca, pues es una fantasía de la mente.

Los campos morfogenéticos. Cuando la humanidad descubrió el fuego, sin un contacto físico directo ni intercambio de información, se generalizó el descubrimiento simultáneamente en diferentes lugares; de esta forma, cuando una manada aprende un comportamiento, los demás miembros de la misma especie lo asimilan instantáneamente. De la misma forma es el comportamiento **holográfico del universo**. Es como un holograma inmenso donde la información está en todas partes al mismo tiempo.

Esto lo vemos, también, en los experimentos de aceleración de partículas. Cuando se actúa sobre una partícula, llega un momento en que la otra parece que sabe cómo actuará y reacciona de manera idéntica, aun a pesar de que la primera no fue sometida al estímulo. Es como si hubiera una evolución de alguna forma pareja por grupos de especie, permitiendo que se conecten. Algunos explican el fenómeno a través de la teoría del gen consciente. Creemos que somos los amos del mundo y una isla macro importante, cuando, en realidad, son esas partículas genéticas conscientes las que verdaderamente manejan lo que realmente somos.

En física existe un principio que se llama la dualidad de onda corpúsculo. Cuando las partículas son muy pequeñitas no sabemos si son ondas o partículas y esto es tremendamente diferencial, pues partícula y onda son opuestos; entonces, la física, para explicar un mismo fenómeno, estudia dos polos opuestos. Partícula significa que está en un punto y onda que tiende a llenar el espacio. Según la física cuántica, cualquier objeto tiene la dualidad onda corpúsculo y no solo la luz. Nos hace pensar que vivimos en un mundo de apariencias y de interpretaciones.

De la individualidad a la unidad. El reto es pasar del paradigma de individualidad al holístico de unidad. Antes, las investigaciones eran para descubrir si una cosa era una u otra y, ahora, pensamos que una cosa puede ser dos al mismo tiempo; es decir, un fenómeno es A y otro es B; pero puede ser A y B a la vez. Los físicos, actualmente, hablan de **ondícula** para describir a la onda y a la partícula, porque son las dos cosas a la vez. Lo que significa que una no necesariamente es buena o mala, pues son las dos al mismo tiempo y todo dependerá del enfoque que le demos. La única verdad es que no hay verdades absolutas.

Lo cuántico le hizo un gran favor a la ciencia. Le demostró que no todo se puede medir o pesar, ya que para la ciencia hay que ir más allá; por otro lado, la física debe medir las cosas, aunque se encuentren dentro del campo cuántico, pero, cuando se trata de diferenciar entre la mente y la consciencia, es donde está el problema, pues no entendemos todo desde la mente y debemos ir detrás (consciencia), porque todo es cuántico ahora y, como la mente se mueve por creencias, los países y las naciones existen ya que tienen creencias y mitos que los forman, o sea lo más real de un país es el mito, aunque los hechos que se narren no hayan ocurrido, porque es la creencia que hay dentro de la mente lo que tiene validez… nada más falso.

La ciencia es una creencia occidental. La ciencia, tal como la entendemos, nació en occidente; entonces, parte de las creencias y los mitos occidentales son, por ejemplo, el evolucionismo y el materialismo. Lo que pasa es que esa creencia, llevada al extremo, resulta que se niega a sí misma. La física cuántica y la materia desaparecerían. Actualmente, queremos que todo sea cuántico para que encajen las creencias del occidente, incluyendo al esoterismo, pero las creencias deben comunicarse entre sí, pues, de lo contrario, los pueblos no se desarrollarían.

Por ejemplo, la medicina en USA y la ayurveda (la ciencia de la vida) de la India no se comunicaban, porque tienen creencias con mitos distintos. El gran cambio que ocurre ahora es que los pueblos siguen teniendo sus creencias, porque la mente se mueve por creencias, pero la consciencia no. Un ejemplo de esto: cuando somos pequeños no tenemos creencias, porque no se han configurado en el cerebro; o sea las creencias o hábitos son caminos neuronales dentro del cerebro y es difícil cambiar estos caminos (los hábitos). Hay unos que pertenecen al lugar o pueblo y otros son personales; y, por la misma ley de atracción, nos limitan porque los pensamientos se originan en un contexto, pero, por encima de estos, está la consciencia que juega a crear creencias y pueblos; también, a crear diversidad, porque sin ella no llegaríamos a descubrir la unidad del todo. La consciencia está por encima de las creencias. Nadie nace con fe. Esta se origina con las creencias de nuestra mente. Existe la consciencia colectiva, la cual se desarrolla dentro de una misma manada con igual frecuencia vibratoria.

LA MEDICINA Y LA FÍSICA CUÁNTICA

La medicina está basada en la farmacología y al médico no se le enseña, pues no entiende o no quiere ver cómo se relaciona la bioquímica del organismo. Cuando tomamos una sustancia, droga, cápsula o pastilla, y la introducimos en el cuerpo, no solo afecta a aquel órgano o lugar donde tenemos el problema, sino expande sus efectos a todo el organismo al mismo tiempo: son los llamados "efectos secundarios".

Nos dan medicamentos para la enfermedad y para aliviar el malestar físico o mental, pero al organismo le causa más daño que solución, debido a los efectos secundarios, que, en realidad, no son secundarios sino directos. No entendemos que las drogas no solo crean efectos múltiples, sino que, en gran porcentaje, matan.

A las empresas farmacéuticas les pasa lo mismo que a los vendedores de petróleo, pues a pesar de que existen formas de crear energías e, incluso, más saludables, impiden el cambio por cuestiones netamente financieras. A los que controlan la energía petrolera simplemente no les interesa, pues seguiremos dependiendo del petróleo. Lo mismo pasa con las empresas farmacéuticas y no es nada rentable ni beneficioso para los que tienen el poder y viven de ello. El objetivo principal de los médicos debería ser "sanar sin fármacos", pero, en realidad, los laboratorios y ellos mismos no quieren que sanemos sin comprar sus fármacos y, más beneficioso aún, si dependemos el resto de la vida; caso contrario, estas industrias no ganarían dinero y dejarían de apoyar a las investigaciones. Recordemos que el dinero controla la ciencia.

Uno de los pioneros en este tipo de investigaciones fue el Dr. Lipton. Él ya trabajaba investigando las células en los años 1960 y muy pocos científicos o médicos trabajaban en eso. A través de un experimento sobre las células, se preguntó: ¿qué es lo que controlaba el destino de las células? Veía que las células eran idénticas y lo único diferente era el entorno. Cuando las colocaba en un entorno nocivo o tóxico, se enfermaban y morían;

no era cuestión de darles una medicina, como haría un médico. El Dr. Lipton afirmaba que no hacía falta medicina, pues debían colocarse en un entorno saludable y se sanaban.

El humano es una comunidad compuesta por cincuenta millones de células; por consiguiente, partamos de la idea que es un ser viviente y, en su totalidad, es una comunidad. En este símil lo que debemos cuidar es el entorno de la célula, la sangre, porque su composición cambia el destino de la célula y lo que controla la sangre es el sistema nervioso, creando una química diferente según el sistema exterior. La medicina culpa a las células por la enfermedad e intenta cambiar su estructura química, pero el verdadero problema es el entorno.

Si cambiamos a la persona del entorno, sin medicamentos, el cerebro cambia la química; es decir, el cerebro de la célula y el de la persona perciben y entienden el entorno. Entonces, si tenemos un entorno sano podríamos curarnos fácilmente, pero no es tan fácil, pues la mente haría lo que mejor sabe: interpretar; y sucedería que estando en un entorno muy sano la mente lo percibiría o leería como un entorno negativo o dañino; en consecuencia, crearía una química que permitiría al cuerpo enfermarse.

La diferencia entre la célula y el ser humano es que, el segundo, tiene una mente que interpreta; y la célula, en cambio, lee el entorno automáticamente sin interpretación. Si metemos un programa con errores en la mente (software), entonces la química que generaría no estaría en armonía con la vida. Esto sirve para entender cómo funciona un placebo; cuando, de acuerdo con nuestra creencia, pensamos que tomando una píldora nos sanará, porque creemos que nos dará salud y, al final, nos mejorará. Nos sanamos, pero en realidad la píldora es un placebo (azúcar), que no hizo nada. Han sido nuestras creencias; a eso lo llamamos: "pensamientos positivos y efecto placebo". Lipton afirma que la mente controla: "si piensa de una manera se va en una dirección y si piensa de otra se va en otra dirección".

Si cerramos los ojos y, luego, los abrimos y vemos a alguien a quien amamos, nuestro cerebro segregará una sustancia química (hormona) llamada "dopamina y oxitocina" (hormona relacionada con la sexualidad), entre otras. Inmediatamente, la sentimos en nuestro cuerpo y el amor, y esa química, traerá salud. Por eso es que, cuando nos enamoramos, nos sentimos muy bien; pero si abrimos los ojos y vemos algo que asusta, segregaremos hormonas de estrés. Por ejemplo, si nos persigue un león necesitaremos toda la energía para escaparnos y, como consecuencia, el organismo apagará lo que no sea imprescindible para correr más rápido, así que paralizará lo concerniente al crecimiento.

La gente no lo sabe, pero debemos crecer todos los días, porque si no morimos. Cada día cientos de billones de células mueren y tenemos que producir nuevas; cada tres días el sistema digestivo renueva sus células, pero si bloqueamos el crecimiento, entonces no estaremos sanos, porque perdemos demasiadas células diariamente; por eso, la quimioterapia hace que se caiga el pelo y crea problemas en la digestión, porque mata las células y no solo las del cáncer.

Consideremos, también, la consecuencia de las hormonas del estrés, porque se cierra aquello que usa energía y, según sabemos, el sistema inmunológico usa mucha; por ejemplo, cuando estamos enfermos sentimos cansancio, porque la usa el sistema inmunológico. Las hormonas del estrés apagan el sistema inmunológico, incluso, la medicina usa este efecto en algunas ocasiones; en consecuencia, si se efectúa un trasplante del corazón nuestro sistema inmunológico lo rechazaría. En estos casos los médicos aplican hormonas de estrés, las que impiden que funcione el sistema inmunológico y rechace el trasplante.

Cuando se está estresado, afecta de dos maneras: la primera, detiene el crecimiento; y la segunda, apaga el sistema inmunológico. De esta forma los virus nocivos atacan fácilmente y enfermamos con frecuencia. Si tomáramos una muestra de sangre de cada persona descubriremos que tenemos células cancerígenas. Las poseemos siempre, pero si está funcionando el sistema de defensa no permitirá que crezcan. Es como el catarro, pues no tenemos que coger el virus, sino ya lo tenemos dentro y solo son organismos oportunistas. (Lipton, 2016).

Si además de aceptar que la medicina actual es cuestionable, porque los médicos no saben cómo funcionan las células; y, a eso, le sumamos que está basada en la física newtoniana, entonces tenemos un serio problema. No reconocen que la energía es más importante de lo que se pensaba antes de que apareciera la física cuántica, que es esa parte invisible a simple vista y con señales electromagnéticas. La física cuántica replantea el panorama, cuando afirma que todo es energía: lo que podemos ver y lo que es imperceptible a los órganos sensoriales. Dentro de un átomo hay electrones, protones y neutrones y, también, algo más minúsculo que son los quartz; por lo tanto, lo que hay dentro de un átomo es energía. *La ciencia más reciente indica que el cuerpo responde más a los principios de la física cuántica que a las leyes de la física newtoniana.*

La medicina tradicional quiere cambiar la química del organismo con drogas y la nueva medicina dice que modifiquemos la energía; y esta nueva, la cuántica, es más poderosa porque responde primero al campo energético que al físico. (Lipton, 2016).

La mente es energía. Cuando pensamos trasmitimos energía y los pensamientos son más poderosos que la química. Y, por supuesto, es terrible para las empresas farmacéuticas, pues no lo venden; por consiguiente, no les interesa una conexión entre la mente y el cuerpo. Es totalmente cierto que las propias creencias se convierten en un campo energético y una trasmisión, transformándose en una señal que es capaz de cambiar el organismo. "Así es cómo funcionaba antes la sanación. La gente se sanaba con los chamanes, con hierbas, con las manos, etc. pero como eso no se vende, entonces la medicina no irá por ese camino". (Lipton, 2016).

La medicina sabe que el pensamiento positivo y el placebo sanan, y el pensamiento negativo mata; pero no habla de ello. En realidad, tampoco se trata de que sea positivo o negativo, sino es la manera de pensar; pues si el médico dice que tenemos cáncer, aunque no lo tengamos, si lo creemos crearemos la química que lo generará. De esta manera, no es el entorno real de la célula, sino el que nosotros interpretamos; por eso no funciona la medicina, porque no reconoce la ciencia cuántica. No mira hacia ahí, pues la economía y el dinero están en otro lado.

El subconsciente es más poderoso que el consciente. Por eso es difícil cambiar, sobre todo, hábitos de pensamientos y sentimientos. Utilizamos el subconsciente, tal vez en un noventaicinco por ciento y no lo controlamos; quizás lo reprogramemos utilizando algunas técnicas, pero no es nada fácil. La mayoría está de acuerdo en que la información del subconsciente se recibe en los primeros años y se aprende en esa temprana edad, convirtiéndose en el conocimiento fundamental de la vida. "En consecuencia, los estudios demostraron que las enfermedades habidas en adultos, como el cáncer, tienen que ver con la programación y el entorno que vivimos en los primeros años". (Liberación, 2015). Es decir, los niños absorben sus enfermedades o sus actitudes negativas y, de esta forma, se programa su subconsciente. No nos gusta escuchar esto, porque nos sentimos culpables; pero, en realidad, el subconsciente actúa así. Cuando lo entendamos, cambiaremos el estilo de vida, porque, entonces, sí seremos responsables. Está comprobado que, si un niño adoptado vive en su familia casos de cáncer, en su madurez padecerá cáncer, aunque su genética sea diferente. Si nos enseñaron a maltratar el cuerpo con mala información, al final destruiremos el vehículo de nuestro cuerpo, cuyo conductor, lamentablemente, es la mente.

Los comportamientos que vienen del subconsciente no son fáciles de percibir, pero hacen daño. Quizás nos sintamos enfermos y le echamos la culpa a otra cosa. Al cambiar estos programas erróneos en el subconsciente, crearemos formas nuevas de afrontar la vida; y hay varias maneras de hacerlo. Se piensa que cuando la mente consciente registra algo, la subconsciente también filtra esa información, pero no es así. La mente consciente es creativa y la subconsciente trata sobre los hábitos. Si le ilustramos al subconsciente algo diferente, se lo enseñamos también al consciente; pero no al revés. Por ello, la manera de reprogramar es repetir y repetir hasta que se haga un hábito. Todas las experiencias externas (sensaciones) vienen de las células del cuerpo que pueden oler, sentir y tener experiencias. Recogemos esto y el cuerpo se lo trasmitirá al cerebro en donde se convertirá en vibraciones y, después, lo trasmitirá a la fuente del ser.

LA CURACIÓN CUÁNTICA

Deepak Chopra es médico, escritor y conferencista hindú. Su sistema de curación se basa en la medicina ayurvédica. Escribe sobre el poder de la mente, la espiritualidad y la curación. El ayurveda se originó en la India hace más de 4 mil años y significa en sánscrito: "la ciencia de la vida". Este sistema de curación hace referencia a una visión integral del ser humano, donde el cuerpo y la mente están estrechamente relacionados y se influencian mutuamente. El cuerpo se moldea a partir de la conciencia, ya que tiene un potencial enorme para producir cambios en el organismo, como curar enfermedades y retardar el envejecimiento.

Nuestro actual sistema de vida se rige por la gran ilusión de la materia. Creemos que es lo único que existe y que la consciencia es un subproducto de ella; pero esa concepción se basa en una interpretación sensorial, sin embargo, nuestros sentidos físicos no permiten percibir la verdadera naturaleza de la realidad. Pensamos que la naturaleza es sólida y estática, cuando en verdad está en permanente cambio, al igual que el cuerpo humano. En menos de un año se reemplaza el 98% de los átomos del cuerpo y la piel se renueva cada cinco meses; el esqueleto cambia cada tres meses e, incluso, el ADN (que es donde se inserta el código genético) se reemplaza cada seis semanas. "Uno parece ser el mismo por fuera, sin embargo, es como si se cambiaran continuamente los ladrillos del edificio". (Chopra, 2015).

Sin embargo, no confundamos el instrumento o vehículo con el usuario o el conductor. El cuerpo cambia y se renueva, no es el mismo y, sin embargo, mantiene su identidad ya que la base de su existencia está más allá de la materia y pertenece al dominio cuántico, donde no hay materia sino solo inteligencia, que organiza la información, y es capaz de identificarse y comunicarse con el resto del Universo. La mente, que es el movimiento de la consciencia o alma, utiliza energía electromagnética para crear el cuerpo.

Uno de los mejores métodos para conservarse joven y vital es la práctica regular de la meditación, permitiendo que los niveles hormonales se mantengan altos y no se caigan.

La meditación conecta con la fuente primordial de energía del universo -Dios- y realiza algo tan importante como retornar a la memoria el amor, que es propia del ser humano. El contacto directo con lo sagrado, por ejemplo, a través de la meditación o la comunión con la naturaleza, proporciona la experiencia máxima de amor. Se irradia como luz y plenitud que transforman el cuerpo y las emociones y, por tanto, el mundo que nos rodea. Aquí damos algunos consejos para retardar el **envejecimiento.**

La percepción. Pasar de una visión materialista del universo a una visión integral y espiritual de la vida y la materia. Apliquemos la creatividad: pintemos, escribamos, cocinemos, cantemos, etc., pero expresemos la creatividad de un modo libre y natural.

El tiempo. Dejemos de vivir preocupados por el mañana o de vivir de los recuerdos y aprendamos a estar presentes y vivir del ahora. Alimentemos la mente con lecturas que nos hagan crecer interiormente. Ayudemos al alma, día a día, a que se eleve de la materia con lecturas inspiradoras.

El sueño. La mala calidad del sueño acelera el envejecimiento. Lo que importa no es la cantidad, sino la calidad del sueño. La medicina ayurveda aconseja acostarse sobre las diez de la noche. Estas dos horas antes de la media noche tienen un efecto reparador, mayor que las seis horas siguientes. Es bueno dormir unas ocho horas y no excederse; si no se obtiene el efecto contrario, nos debilita.

La alimentación. De acuerdo con el ayurveda el cuerpo se siente satisfecho y en equilibrio cuando tiene acceso a los seis sabores básicos (astringente, dulce, amargo, salado, agrio y picante). Los alimentos frescos y naturales aportan mayor cantidad de Prana o energía. Además, ingiramos suplementos nutricionales (multivitamínicos con minerales), ya que, aunque tengamos una buena dieta, los necesitamos debido a la gran cantidad de toxinas y de tensiones a las que estamos expuestos.

El deporte. El Yoga, el Thai-Chi o cualquier deporte que mantenga activos será bueno para recuperar la relación mente-cuerpo. La mejor forma de integración de ambos es a través de la respiración consciente, que facilita el movimiento energético de lo físico y lo mental.

Las toxinas. Eliminar las drogas, el alcohol y el humo del cigarrillo, pero también las toxinas emocionales, como: miedo, depresión, culpa, enojo e ira y que actúan al nivel del cuerpo sutil. Desintoxiquemos el hígado, riñones y colon… habitualmente.

El amor. Dar y recibir amor estimula el sistema inmunológico. Los tres niveles en que se expresa el amor son verbales (te quiero), atencional (escuchar al otro ininterrumpidamente) y afectivo (tocar, acariciar).

LA CURA CONTRA EL CÁNCER

Tenemos células cancerígenas en el cuerpo. Estas no aparecen en las pruebas convencionales hasta que se multiplican en millones. Cuando los médicos dicen a sus pacientes, después de un tedioso tratamiento, que en los últimos exámenes no encontraron células cancerígenas en sus cuerpos, significa que no pueden detectarse por su tamaño, pero no significa realmente que estén ausentes. Estas células aparecen entre cinco a diez veces en la vida; pero, cuando el sistema inmunológico es fuerte, el propio organismo se encargará de destruirlas previniendo que se multipliquen y se formen tumores.

Cuando se sufre de cáncer, una de las causas es la deficiencia nutricional; otras son de orden genético, ambiental o debido al estilo de vida. Una forma de combatirla es cambiando la dieta con alimentos que refuercen el sistema inmunológico. Después de muchos años de aconsejar a la gente que la única manera de tratar y/o eliminar el cáncer es a través de la quimioterapia, el John Hopkins Hospital propone otra alternativa. Lo que muchas industrias farmacéuticas e, incluso, los gobiernos de la élite financiera mundial no querían que sepamos se reveló.

Expliquemos algunas conclusiones de los resultados de esta investigación sobre el cáncer (Hospital Hopkins, 2014). La quimioterapia consiste en envenenar células cancerígenas de rápido crecimiento, pero tiene como consecuencia que en la médula ósea también se envenenen células sanas, tracto intestinal y en diferentes áreas del organismo causando daño a órganos como el hígado, riñones, corazón y pulmones, entre otros. El otro proceso terapéutico, que es la radiación, destruye células cancerígenas, quema y deja cicatrices, daña células, tejidos y órganos sanos.

Los tratamientos iniciales con quimioterapia y radiación frecuentemente reducen el tamaño de los tumores, sin embargo, el uso prolongado tiene como resultado el daño de otros órganos y tejidos. Cuando el organismo se llena de carga tóxica, proveniente de quimioterapia y radiación; el sistema inmunológico se afecta seriamente y, en ocasiones, hasta se destruye causando diferentes tipos de infecciones y complicaciones. (Hospital Hopkins, 2014).

La quimioterapia y la radiación ocasionan que las células cancerígenas muten y se vuelvan resistentes y su destrucción se dificulte aún más. Y en los casos que se decida por la cirugía, esta práctica médica provoca que las células cancerígenas se propaguen a otros lugares del cuerpo. La manera más eficaz de combatir el cáncer es dejar que las células cancerígenas se mueran de hambre, pues, al no ser alimentadas, no se multiplicarán. A continuación, especificaremos cuáles son los alimentos de las células cancerígenas. (Hospital Hopkins, 2014).

El azúcar. Es el primordial, por lo tanto, cortándolo se elimina un importante alimento suplementario del cáncer. Sustitutos del azúcar, como: NutraSweet, Spponful, Sweet & Low, etc. están hechos de aspartame y es sumamente dañino para el ser humano. Un mejor sustituto natural es la miel de abeja, pero en pequeñas cantidades. Igual de dañina es la sal de mesa, pues contiene químicos que la hacen de color blanco. Una mejor alternativa es la sal de mar y la vegetal.

La leche. Causa que el cuerpo produzca mucosa, especialmente en el tracto digestivo-intestinal. El cáncer se alimenta de mucosa. Eliminándola de la dieta y sustituyéndola por leche de soya sin azúcar, las células cancerígenas morirán de hambre.

El ambiente ácido. Las células cancerígenas prosperan en ambientes ácidos. Una dieta basada en carnes es alta en ácidos, por consiguiente, lo mejor es consumir pescado y algo de pollo en lugar de res, puerco u otro animal. La carne también contiene antibióticos, hormonas y parásitos; lo que es dañino, especialmente para gente cancerígena.

El ambiente alcalino. Una dieta hecha con un alto porcentaje de vegetales frescos y jugos, gramola, semillas, nueces y algo de fruta pone el cuerpo en un ambiente alcalino. Otra forma de ingerir sustancias menos dañinas es cocinando menestras. El jugo de vegetales frescos provee enzimas vivas que son rápidamente absorbidas y alcanzan, dentro del organismo, un promedio de quince niveles altos de nutrición que aumentan el crecimiento de células sanas. "Para obtener enzimas vivas que construyan células sanas se recomienda tomar jugos de vegetales frescos e ingerir vegetales crudos de dos a tres veces al día; pues, cuando lo hacemos, a través de los alimentos cocidos, las enzimas se destruirán a temperaturas mayores de 40 grados centígrados". (Hospital Hopkins, 2014)

El café. Evitar el café, té y chocolate porque son productos que tienen alto nivel de cafeína. Una mejor alternativa es el té verde (green tea), ya que tiene propiedades que luchan contra el cáncer. Se recomienda tomar agua purificada o de filtro, porque la del grifo contiene tóxicos y altos niveles de metal. Así mismo, evitemos el agua destilada, porque es ácida.

La carne. Las proteínas de la carne es difícil digerir y requiere mayor número de enzimas digestivas, por ese motivo permanecen sin digerir en el intestino y se pudren convirtiéndose en residuos tóxicos. Las paredes de células cancerígenas están cubiertas de resistentes proteínas; en consecuencia, consumiendo menos carne se liberarán más enzimas y, de esta manera, se reducirán las proteínas que se encuentran en las paredes de las células y, por lo tanto, eliminarán a las células cancerígenas.

El espíritu positivo. El cáncer es una enfermedad de la mente-cuerpo-espíritu. Un espíritu positivo ayuda al paciente a sobrevivir. La ira, el rencor y el resentimiento ponen al cuerpo en un ambiente ácido y de tensión; por tal motivo, tengamos un espíritu de amor, gratitud y perdón aprendiendo a relajarnos y a disfrutar de la vida.

El ambiente oxigenado. Las células cancerígenas no prosperan en un ambiente oxigenado; por eso, haciendo ejercicio diario y respirando profundo se lleva oxígeno al organismo. La terapia de oxígeno es otra manera utilizada para combatir estas células malignas.

Algunas recomendaciones. El John Hopkins Hospital propone las siguientes recomendaciones, que se encuentran también en el Walter Reed Army Medical Center. (Hospital Hopkins, 2014)

- No usar recipientes plásticos en el microondas.
- No colocar botellas de agua en el congelador.
- No usar envolturas de plástico sobre recipientes en el microondas. Al calentar el plástico en el microondas o poniéndolo en el congelador se liberan dioxinas, que son químicos que producen cáncer, especialmente de seno. Las dioxinas envenenan las células del cuerpo.
- Recientemente el Dr. Edwuard Fujimoto, médico del Centro Castle en Hawaii, en el 2012 explicó los riesgos para la salud de las dioxinas y lo dañinas que son. Recomienda que no calentemos alimentos en el microondas usando recipientes de plástico. Esto aplica especialmente a los que contienen grasas. Aseguró que la combinación de grasa, alta temperatura y plásticos liberan dioxinas que van a los alimentos y, por último, entran al cuerpo. Propone usar recipientes de vidrio, tales como corning ware, pírex o cerámica. Las comidas instantáneas que aparecen en la televisión son removidas de los plásticos contenedores y debemos calentarlas en recipientes de vidrio. Una alternativa es usar el papel o cartón, pero no sabemos qué es lo que contiene el papel; por consiguiente, lo recomendable es el vidrio templado.

LA LEY DE LA ATRACCIÓN

La mente consciente es la que se conecta con el espíritu y solo, cuando somos conscientes de lo que vivimos, cambiaremos de actitud. La mente subconsciente equivale al alma, donde están los archivos de las experiencias de esta vida y de las anteriores (registros akáshicos). Finalmente, tenemos el cuerpo físico, que es el vínculo principal para vivir las experiencias en este plano tridimensional.

Existe una correspondencia entre lo que vivimos por fuera y lo que llevamos dentro, pues la realidad externa no es más que un espejo del interior. Esto significa que si experimentamos una crisis y vivimos sin amor y con problemas económicos o enfermos es porque existe una idea o programación que lo selecciona.

Recordemos que el principio de vibración dice que todo se mueve y vibra. Lo único permanente es el cambio. Las cosas se encuentran en un continuo movimiento y en una continua vibración y evolución. El universo evoluciona hacia un nuevo nivel superior de existencia. (Evolución, 2012).

En nuestra vida personal las situaciones que experimentamos, sin excepción, ayudan a vivir de una mejor manera y lo que pasa es que están en clave y no la entendemos, pues la evaluamos con la mente. Las crisis existenciales que, a veces, experimentamos ocurren cuando permanecemos en una sola actitud. Cuanto más cerrados estemos en una posición o idea, más fuerte será el esfuerzo del universo para movernos.

Esto explica por qué los cambios ocurren después de una fuerte crisis. Algunos necesitamos pasar por enfermedades, accidentes o pérdidas para darnos cuenta del valor que tienen las cosas alrededor. Cuando caemos en la inercia y no decidimos, es el universo mismo quien lo hace por nosotros. De acuerdo con el principio de vibración, si nos aferramos a una vivienda, una pareja, un trabajo, una amistad o a cualquier objeto que dé seguridad, lo más probable es que tarde o temprano suframos, porque en el universo no existe nada que se encuentre inmóvil.

Por consiguiente, preparémonos para los cambios en la vida. Esto no significa que tendremos que quedarnos sin vivienda, familia, trabajo o pareja; sino que lo que hoy vivamos no se repetirá en el futuro, ya sea a corto o largo plazo. No hay manera posible de repetir el pasado. Existen parejas que, después de separarse, vuelven a estar juntos con la intención de ser como antes. Esto es un camino seguro a la frustración. Es posible que la reconciliación los lleve a vivir una relación mejor que la del pasado, pero nunca igual.

Expliquémoslo desde los principios de la física: cada objeto que vemos se compone de millones de átomos y estos se encuentran formados por partículas que giran a grandes velocidades alrededor del núcleo.

Por ellas decimos que existen dos formas extremas de vibración: una baja, que corresponde a la materia (nuestro cuerpo) y otra alta, que es la energía espiritual. (Evolución, 2012).

Cuando la vibración es muy baja, la materia está en reposo y permanece inerte para los sentidos. Nos da la impresión que es algo muy sólido; sin embargo, la materia es energía compuesta de millones de átomos, que se encuentran en pleno movimiento y transformación; por otra parte, cuando la vibración es muy alta, llegamos al extremo del espíritu y observamos que la materia aparentemente está en reposo, pues vibra a una frecuencia tan alta que da la sensación de que tampoco tiene movimiento y, en la mayoría de las ocasiones, creemos que no existe.

Para entender mejor este concepto, imaginémonos las paletas de un ventilador. Cuando está sin funcionar, percibimos claramente sus partes (la materia aparentemente en reposo). Cuando ponemos en marcha el aparato, y especialmente en altas velocidades, las paletas giran tan rápidamente que parecen desaparecer e, incluso, vemos a través de ellas. Aquí también decimos que la materia está en reposo, porque pareciera no existir. Este es el nivel del espíritu, pues el eslabón entre la materia y el espíritu es el éter.

Los órganos están formados por células y estas compuestas de átomos por lo que nos percibimos como un cuerpo sólido, pero el cuerpo físico no es tan sólido como parece, ya que tiene un 99.9% de espacio vacío y solamente el 0.1% de materia; y este último porcentaje, según la física cuántica, también sería un espacio vacío. La física cuántica es la que estudia el comportamiento del átomo y enseña que el cuerpo físico se encuentra continuamente intercambiando átomos con el medio. Al inhalar aire tomamos los átomos del medio ambiente y, al exhalarlos, los devolvemos al entorno.

Definitivamente, cuando ingresamos en un lugar absorbemos parte de él, por eso es que en algunos lugares nos llenamos de energía positiva y en otros, lo contrario. Los lugares naturales como las playas, montañas, lagos y demás están cargados de vibraciones positivas. Cuando permanecemos en ellos, el cuerpo físico se renueva con átomos de alta calidad; por tal motivo, nos regeneramos y sanamos al estar en ese tipo de lugares y, por el contrario, al permanecer cierto tiempo en un lugar de vibraciones bajas o negativas nos sentimos contaminados; la recuperación no es inmediata y nos mantenemos hasta varios días sintiéndonos mal por las energías ingeridas. De la misma manera cada partícula del cuerpo físico escucha el diálogo interno y responderá fielmente al mismo. Si tenemos pensamientos felices, el cuerpo reaccionará con energías positivas; por el contrario, si nos deprimimos y solo vemos la vida de una manera muy negativa, lo más probable es que enfermemos. Los que sufren de enfermedades crónicas son los que tienen pensamientos crónicos, y cuando renuncian a los patrones de conducta antiguos y sus ideas más negativas, se curan.

A pesar de que el cuerpo se regenera constantemente, la razón de su deterioro es porque creemos que eso, necesariamente, ocurrirá. Existe una historia y un pasado que sustenta esa creencia. Al creer en ese pasado repetimos la historia, pues no estamos solos con nuestros pensamientos, ya que vivimos en una sociedad donde crecemos, aprendemos e interactuamos a diario. De la sociedad tomamos una serie de ideas, a veces positivas y otras no tanto. Si pudiéramos levantarnos olvidándonos completamente del pasado, el cuerpo no envejecería. Si decidiéramos, por ejemplo, vivir doscientos años, todo el cuerpo respondería a esa idea, pero primero tendríamos que convencernos de esa posibilidad. El cuerpo escucha los diálogos internos y, si tiene dudas, las manifestará.

Recordemos que no son solo pensamientos los que manifestamos, sino también creencias. Si creemos en la enfermedad, las células del sistema inmunológico bajarán sus armas y permitirán que la contraigan; por el contrario, si pensamos que el cuerpo físico es saludable y resistente, el sistema inmunológico tomará esta idea como una orden y jamás enfermaremos.

Uno de los descubrimientos más interesantes de la física cuántica es que el resultado de cualquier experimento dependerá, en gran medida, del grado de expectativa de quien lo realiza. Antes se creía que, si dos personas realizaban la misma prueba, con los ingredientes exactamente iguales en cantidad y medida, obtendrían resultados semejantes Ahora se sabe, de acuerdo con la física cuántica, que los átomos se agrupan según su compatibilidad y responden a las expectativas del observador.

Esta es la razón por la cual uno tiene la habilidad de cocinar alimentos sabrosos que nadie podrá imitar, aun cuando los demás sigan todas sus indicaciones al pie de la letra y utilicen los mismos ingredientes. No será lo mismo. El resultado depende siempre de la expectativa del observador y de su interés personal en el experimento. De esto se deduce fácilmente que los alimentos más sabrosos serán aquellos que contengan, como ingrediente principal, el amor. Nuestra mente está dividida básicamente en dos niveles: el consciente y el inconsciente; en el segundo, se encuentran las creencias, programaciones y recuerdos, mientras que en el primero se establece el poder de decisión.

Los niveles de vibración. El cerebro humano se compone de millones de células llamadas "neuronas". Cuando tomamos una decisión, las neuronas llevan el mensaje o la orden al resto del cuerpo físico para producir la acción; por ejemplo, un individuo siente calor y decide tomar un baño o cambiarse de ropa. Las neuronas trasmiten la orden elegida a los músculos de las manos para realizar los movimientos necesarios. En apariencia no existe nada raro en esto, sin embargo, lo hay. Los científicos se preguntaron dónde está eso o ese que sintió calor y eligió efectuar determinada conducta.

A través de experimentos se descubrió el "mapa del cerebro", según el cual se conocen las actividades que desarrollan las distintas partes del cerebro y su relación con el cuerpo físico; sin embargo, los investigadores no encuentran hasta la fecha dónde está la parte que elige realizar un determinado movimiento. La conclusión a la que se llega es asombrosa. La mente no está en el cuerpo y utiliza el cerebro físico, pero tampoco está en él. La mente es más que el cerebro, pues se encuentra en cada parte del organismo y no solamente ahí. Cuando decimos: "me vino esta idea a la mente", reafirmamos la verdad científica de que las ideas provienen de otro lado; es decir, hacemos una afirmación casi literal.

Por el momento, entendamos que cada pensamiento que elegimos proviene de un espacio infinito, llamado "campo energético", en el que existen posibilidades infinitas y nuestro ser hace una elección determinada en cada momento; pero el verdadero ser no es ninguno de los pensamientos, sino aquel que hace la elección. Todo el universo se compone básicamente de la misma sustancia y nosotros, a través de la intención, lo manejamos para manifestar la realidad que deseamos. "De acuerdo con el principio de vibración, crearemos los niveles de vibración para atraer la sustancia que necesitamos". (Ciencia y espíritu, 1966)

El principio de vibración enseña que "las energías iguales se atraen"; por eso, vemos que los deportistas entrenan en un mismo lugar, al igual que los religiosos se reúnen en una iglesia, los intelectuales en la misma biblioteca o los metafísicos en algún sitio de estudio. De esta manera, cada uno se rodea de gente y lugares que vibran en la misma frecuencia.

En el universo existen tres niveles elementales de vibración: baja, media y alta. Son tres escalones con características propias. De acuerdo con el nivel vibratorio personal, estamos en algunos de esos tres escalones y, como consecuencia, atraemos las cosas de dicho nivel. Es imposible atraer situaciones u objetos que tienen una vibración alta si uno se encuentra en el escalón más abajo.

Vibración baja. La depresión, la angustia, el miedo, las enfermedades y las emociones negativas llevan a vibrar en el nivel más bajo de esta escala. Mientras nos mantengamos *"vibrando bajo"*, solo atraeremos personas o situaciones que aumentarán el malestar. Este es el nivel que se conoce como *"mala suerte"*, pues decimos: *"no termino de salir de un problema… que ya tengo otro"*. La repuesta es muy simple: mientras nos mantengamos vibrando en una cierta intensidad, atraeremos las cosas de dicho nivel. Hasta que no cambiemos la vibración, no se manifestarán ni la salud, la alegría, el amor, la felicidad y la buena suerte en general.

Vibración media. En el nivel vibración media aparecen las soluciones y la vida fluye. Los obstáculos y problemas de este nivel son fáciles de resolver y, quien se encuentre en esa vibración, mostrará una actitud optimista hacia la vida.

Vibración alta. Finalmente, el nivel de vibración más alta corresponde a la iluminación, la paz y el amor perfecto. Aquí no existen problemas, miedos o enfermedades. Cuando vibramos en este nivel, lo que pensamos se manifiesta inmediatamente. El reconocimiento del poder personal es total y absoluto; por lo general, se utiliza para servir a la humanidad.

La vibración más baja corresponde al terreno de nuestro ego. Es el nivel del miedo y, por eso, se generan toda clase de problemas.

La vibración media es el terreno de la esperanza y, de esta manera, se produce la "buena suerte". Finalmente, la vibración alta es el nivel de la fe absoluta, en el que se producen los milagros. La mayoría vibramos en el nivel medio y, a veces, decaemos por los problemas que se presentan, pero -después de realizar cierto esfuerzo- nos recuperamos. Otras veces vivimos momentos de iluminación y gran conexión con el Creador, entonces vibramos con una energía alta y nos sentimos poderosos, llenos de fe y entusiasmo.

Cuando una persona comienza su camino de crecimiento personal, lo primero que surge son sus resistencias internas. El primer día decide, por ejemplo, comenzar una dieta o repetir afirmaciones u organizar su vida; sin embargo, al día siguiente es probable que no haga ni la mitad de las cosas que se propuso. Estas resistencias están generadas por el ego, que es la parte que se siente separada del espíritu y que, a su vez, genera el drama personal.

Es muy difícil mantenerse todo el tiempo en un mismo nivel. Es probable que en un momento nos sintamos bien, pero luego nos encontramos con nuestra ex pareja o nos peleamos con el jefe, el hijo, un amigo o nos enfermamos y encontramos que nuestra vibración personal cambió súbitamente. Cada persona cuidará, sobremanera, su vibración personal.

Por lo general, los individuos que traen problemas son los llamados "maestros", que ponen a prueba nuestra posición; de esta manera, sabemos si determinada posición es sólida o no. Si alguna persona tiene la facultad de "ponernos de mal humor", es porque aún tenemos una parte débil en nuestro ser, que necesita sanarse o evolucionar. No podemos cambiar a los demás, pero sí a nosotros mismos.

Una de las leyes de la metafísica, explica: "las leyes superiores se imponen sobre las inferiores". Significa que, en cuanto mejoremos nuestra vibración personal, optimizaremos la de aquellos que nos rodean. Esta es la forma más efectiva de cambiar a los demás. Con solo optimizar uno mismo, mejorarán las relaciones con los otros. Este principio nunca funciona al revés, pues ninguna persona de vibración baja disminuye nuestra vibración, salvo que nos encontremos muy débiles.

Otro aspecto a considerar es la preocupación, sentimiento que complica la solución de un problema, porque baja el nivel de vibración. En nuestra cultura está bien visto que una madre se preocupe por su hijo o viceversa; sin embargo, desde el punto de vista metafísico, la preocupación será dañina, porque aumentará la fe en lo negativo y agravará el problema. La mejor manera de ayudar es "ocuparse" de ella misma para que mantenga la fe bien alta y piense en la solución feliz del problema. Un hijo, que se angustia por la enfermedad de su madre, tiene más fe en la enfermedad que en la recuperación de su salud; por lo tanto, su preocupación ayudará a que su madre se enferme aún más. En este caso, el hijo deberá primero superar sus propios miedos para, luego, ayudarla. No significa ser indiferente al problema, sino lo contrario; la diferencia esencial reside en mantener la atención posible en la feliz solución. La fe del hijo en la curación de su madre será la mejor ayuda que recibirá.

Cada vez que ayudemos a alguien, elevemos al máximo nuestra energía personal y, después, entremos en contacto con el necesitado. En síntesis, para ayudar a otros debemos estar bien con nosotros mismos; de lo contrario, el problema ajeno nos absorberá. Un metafísico es sanamente egoísta y piensa en sí mismo primero, pues aprendió a mantenerse siempre en una posición fuerte para ayudar a los demás a salir del pozo.

Recordemos que es *el ego* de cada uno el que genera los dramas personales; por eso, es importante que mantengamos una posición positiva para recordarle al otro su verdadera naturaleza espiritual y que la vida es felicidad y que debe restituir su nivel de alegría. No escuchemos al ego de las personas que sufren, sino escuchemos a su espíritu y nos daremos cuenta de que Dios está presente. Cuando una persona siente miedo, utiliza las técnicas metafísicas en forma negativa, pues pronuncia las palabras que describen su miedo, visualiza con claridad lo que podría pasarle y, finalmente, siente en su cuerpo las reacciones que el temor produce.

Si se persiste en este proceso, la manifestación de aquello que se teme se producirá con facilidad. Si tiene miedo a enfermarse, es probable que hable con la gente sobre ello y se imagine el dolor que su cuerpo sentirá, como si estuviera verdaderamente enfermo.

En síntesis, el miedo es la fe en lo negativo. Para elevar el nivel vibratorio, se utiliza esta misma fórmula, pero eligiendo pensamientos positivos. Las energías iguales se atraen y significa que -cuando nuestra vibración personal es muy baja- se presentan problemas. Lo primero es mejorarla para, entonces, atraer a nuestra vida situaciones y personas que den más felicidad; por eso, existen algunas formas de generar energías positivas.

Cuidar las palabras. Para generar una mejor vibración personal, en primer lugar, seamos cuidadosos con lo que pronunciamos. Evitemos usar las "malas palabras", pues tienen una vibración muy baja y afectan, tanto al ambiente como a las personas. Utilicemos las malas palabras una vez -como descarga del enojo- y eso es válido, pero el problema se presenta cuando se convierte en un vocabulario habitual. Otras palabras, que tienen vibración muy baja, son aquellas que se pronuncian cuando uno se queja o critica. Recordemos que la palabra tiene poder creador.

Cuando nos quejamos de algo, solo afirmamos más el problema; por otra parte, cuando criticamos a alguien, damos mayor lugar a la percepción del ego que a la del espíritu. El ego siempre marca las diferencias y nos aleja de estar en paz unos con otros. La crítica hace que veamos en el otro lo que no vemos en nosotros mismos. Si lo tomamos de esta forma, nos convertiremos en una herramienta útil para el conocimiento personal. Una vez que resolvamos los propios problemas internos dejaremos de criticar a los demás. Evitemos participar en discusiones o en reuniones donde solo se hable vanamente. Cuidemos la energía verbal y reservémosla para decretar aquello que sea importante para nosotros.

Seleccionar las imágenes. Hagamos un gran esfuerzo para concentrar la atención en las imágenes que sean más positivas para nuestra evolución: guerra, crueldad, pobreza, enfermedad, catástrofes o cualquier otra situación que haga sentir miedo o inseguridad; aumentará más la sensación de estar separado del Creador y no conducirá, de ninguna manera, a tener paz.

No significa que vivamos ausentes de lo que sucede en el mundo, ya que podemos informarnos y conocer las noticias del momento, sin que haga sentirnos culpables; en consecuencia, lo importante es que aprendamos a "concentrar nuestra atención en lo bueno", que ayudará a elevar la energía personal. Prestemos atención a la reacción del cuerpo cuando leamos una buena noticia, seguramente sentiremos alegría, confianza y paz; y es probable que pensemos: "pero todas las noticias del mundo ahora son muy buenas". Si la idea es lo contrario, cancelémosla inmediatamente, pues tocará ver las peores noticias del planeta. Si creemos que en el mundo también suceden cosas buenas, nos enteraremos de todo lo bueno.

La sensación física. La paz, la tranquilidad, el equilibrio, el amor, la naturaleza y aquello que cause placer es el camino directo para aumentar la energía personal. Es aconsejable practicar las actividades que brinden placer físico, como: los deportes, el baile, la gimnasia, el caminar por un parque o frente al mar y demás. La visita a lugares naturales siempre elevará la vibración personal. La risa es también placer y aumenta, considerablemente, el nivel energético personal, además de acelerar los procesos curativos del cuerpo. Rodeémonos de gente que nos haga reír y miremos programas cómicos; encontrémosle el lado cómico a lo que sucede habitualmente y veremos cómo las soluciones aparecen. Si estamos enojados y alguien nos hace reír, no volveremos a enojarnos como antes. La risa y el enojo no son compatibles y, cuando más reímos, más rápido desaparecerá la ira.

A veces es conveniente valerse del recuerdo de situaciones felices del pasado. La mayoría se pasa el tiempo recordando lo malo que le tocó vivir y lamentándose; y eso solo sirve para atraer cosas malas al presente, porque se genera el mismo tipo de energías. Si queremos vivir una situación romántica en el presente, traigamos a la memoria el recuerdo del momento más romántico que vivimos en el pasado. Revivamos la sensación física, sin poner la atención en el rostro ni en la figura de la otra persona y solo recordemos aquello que sentíamos dentro. Cuando más lo hagamos y disfrutemos, pronto tendremos al lado a la persona que dará ese placer.

LECCIONES DE BUDA

Conociendo los principios de la metafísica, de la espiritualidad y los *paramitas* Buda deja enseñanzas prácticas, que resumiremos en 25 lecciones:

- El amor cura todo mal. Es la más alta energía que podemos experimentar por encima de la gratitud.
- Te definen tus actos, no tus palabras. Igual que un perro, no es un buen perro por ladrar mucho, el hombre no es un buen hombre por ser buen orador.
- El secreto de la buena salud, es vivir el ahora. No eres dueño del pasado, no sueñes con el futuro, solo el presente te pertenece.
- Quien mira dentro despierta. Si quieres alcanzar el cielo, mira en tu corazón.
- La palabra tiene el poder de dar dolor y de sanar. La palabra puede cambiar el mundo y solo las buenas palabras son las que debemos albergar en nuestro corazón.
- Déjalo ir y será tuyo para siempre. Solo perdemos aquello a lo que nos aferramos.
- Nadie puede cambiar su camino por ti. Solo tú puedes recorrer tu camino, nadie puede andar tus pasos.
- La felicidad no es menor por querer a mucha gente. Una vela puede encender miles de ellas y no pierde su esplendor.
- Sé amable con todos.
- Ten compasión por todos los seres, ricos y pobres por igual, cada uno tiene su sufrimiento; algunos sufren demasiado, otros poco.
- No creas todo lo que te dicen y que debes creer. Solo la experiencia te entrega el conocimiento.
- Según piensas, así eres. Si tu pensamiento sufre, eres mártir; y si no, eres feliz; controla tus pensamientos.
- Aleja los miedos. Haz que el miedo te tema, al igual que el fuego al agua.

- La verdad siempre sale a la luz. Tres cosas no pueden ser ocultadas por mucho tiempo: el sol, la luna y la verdad.
- Controla tu mente. La mente no es un enemigo, solo el descontrol lo es.
- La duda separa, la confianza une. No hay nada más terrible que el hábito de la duda. La duda separa a las personas. Es un veneno que desintegra amistades y rompe relaciones placenteras. Es una espina que irrita y una espada que mata.
- Eres merecedor de todo el amor que te puedas dar. El amor empieza por uno mismo.
- Conocer a los demás es sabiduría y conocerse a sí mismo es iluminación. Es mejor conquistarse a uno mismo que vencer mil batallas.
- La espiritualidad no es un lujo, sino una necesidad. Igual que la vela necesita la llama para iluminar, el hombre necesita la espiritualidad para ser iluminado.
- Reemplaza los celos por la admiración. La envidia te colma de pobreza, la admiración te llena de riquezas.
- Busca la paz en tu interior. La paz solo está en el centro del corazón, por eso no la busques fuera.
- Deja de lado el apego. El hombre más rico es el más apegado; nada como disfrutar de la abundancia sin apegarse a ella, de ese modo jamás te dejará.
- Elije tus amigos con sabiduría. Un amigo mentiroso y malo es más peligroso que una bestia salvaje; una bestia salvaje puede herir tu cuerpo, pero un amigo malo herirá tu mente.
- No hay camino para la felicidad. La felicidad es el camino.
- Renuncia a las etiquetas. Solo la gente malvada etiqueta, el sobrio espíritu no etiqueta.

EL ORIGEN Y EL SIGNIFICADO DE NAMASTE

Bertrand Regader, graduado en la universidad de Barcelona, especialista en sicología educativa, creador y director de la página Web "Psicología y Mente", nos ilustra al respecto. Namaste también se encuentra escrito como "námaste" con tilde en la primera "a" y es un término proveniente de la lengua sánscrito (la lengua clásica de la India) y su significado es desconocido por la mayoría de gente. Las raíces etimológicas de la palabra "námaste" se encuentran en la atávica cultura hindú. Uno de los muchos idiomas que se habla en la geografía indiana y nepalí es el sánscrito, considerado una lengua sagrada para los practicantes del hinduismo.

El término námaste se emplea como una forma tradicional de saludo, tanto en el momento del encuentro como en las despedidas, donde se hace el gesto de juntar las palmas de las manos delante del pecho cuando se pronuncia, acción que se denomina "mudra". También se usa para dar las gracias o para pedir algo y, siempre, como muestra de respeto hacia el interlocutor.

La etimología de námaste revela que son dos las raíces que integran el término. La primera "namas", que es un sustantivo neutro que significa algo así como saludo, reverencia o cortesía y es una partícula derivada de la raíz "nam", que es inclinarse o reverenciar. La segunda raíz de námaste está construida por el pronombre "te", que es la segunda persona del singular del complemento indirecto **a ti;** por esta razón, una traducción exacta -etimológicamente hablando- sería: **te saludo** o **me inclino hacia ti.** (Námaste, 2012).

Actualmente, el idioma hindú y muchos de sus dialectos emplean el término de forma habitual, siendo una de las maneras de saludar o despedirse. El significado espiritual y filosófico del sánscrito otorga a la expresión "námaste" una connotación que escapa a su definición puramente semántica. El budismo incorpora este vocablo a su tradición espiritual. Según los expertos, la partícula "namas" adquiere el significado de "nada de mí", acreditando que el ego propio de quien enuncia el término se reduce a la nada; siendo una muestra de la actitud de humildad absoluta respecto al interlocutor.

Cuando el saludo námaste se realiza, desde la autenticidad del alma, se crea un vínculo genuino entre las personas más allá de intereses, expectativas y roles sociales. Otra característica interesante del significado espiritual radica en la creencia que existe una esencia divina en cada uno; por lo tanto, decir la palabra námaste, mientras se acompaña de la mudra (las manos unidas en posición de rezo y una tenue inclinación del tronco hacia adelante, cuyo significado cultural nace de las tradiciones orientales), damos fe de la presencia y esencia de Dios en uno mismo y en el otro; y, de esta manera, las esencias divinas se saludan y se reconocen.

A pesar de que en las sesiones de yoga se emplea námaste como despedida al acabar una clase, lo cierto es más un saludo que despedida. Los profesionales de las disciplinas orientales de autoconocimiento recomiendan que námaste se use en la introducción y los primeros ejercicios de cada sesión, a modo de **mantra**. Esta expresión se usa en el mundo occidental como buenos deseos hacia otro; no obstante, los profesores de yoga utilizan el mantra al finalizar la clase.

Námaste

"Yo honro el lugar dentro de ti,
donde el universo entero reside.
Yo honro el lugar dentro de ti,
de amor y luz, de verdad y paz.
Yo honro el lugar dentro de ti,
cuando tú estás en ese punto tuyo
y yo estoy en ese punto mío.

Somos solo UNO"

REFERENCIAS BIBLIOGRÁFICAS

Alquimista. (2014). Como los pensamientos se convierten en enfermedades. Recuperado de https://periodismo-alternativo.com>como-los-pensamientos-se-convierten-en-enfermedades.

Aryuveda del Tíbet. (2005) Leyes de la espiritualidad. Recuperado de www.aryuvedadeltibet.com/4-leyes-de-la-espiritualidad.

Batmanghelidj, F. (2015). Enciclopedia. Recuperado de https://en.wikipedia.org/Ferydoon-Batmanghelidj.

Blanquez, L. (2014). Microscopia nutricional y ayuno urbano. Recuperado de YouTube. AmateTV – Microscopia nutricional y ayuno urbano. Barcelona.

Carrillo, E. (2015). "EL TRÁNSITO" Vida más allá de la vida y experiencias cercanas a la muerte. Editorial Sirio. España.

Carrillo, E. (2015). "Sin Miedo, Sin Lenguaje, Sin Tiempo". Editorial: Ediciones Ende. ISBN: 978-84-943458-0-7

Castell, A. (2015). Socorro tengo una familia toxica. Recuperado de barcelonaalternativa.es/socorro-tengo-una-familia-toxica. (2015). Cosas que cambia en tu cerebro cuando meditas www.Angeles@castell/Cosas-que-cambia-en-tu-cerebro-cuando-meditas

Celis, J. (2016). 10 pasos para lograr el éxito. Recuperado de www.sebascelis.com/10-pasos-para-lograr-el-exito

Ciencia y espíritu. (1966). El espíritu inunda la ciencia y la política. Recuperado de www.cienciayespiritu.com/El-espíritu-inunda-la-ciencia-y-la-política.

Circulo metafísico. (2010). 7 leyes metafísicas universales. Recuperado de www.circulometafisico.com/meditación/7leyes metafísicas universales.

Coleman, D. (2009). Inteligencia Emocional. Editorial Kairos
Consulta espiritual. (2015). La magia de la naturaleza.
Recuperado de www.consultaespiritual.es/ la magia de la
naturaleza/ los 9 pasos para subir la vibracion.html.

Chopra, D. (2015). La curación cuántica. Recuperado de
www.cuantona.com/Deepak-Chopra/La-curación-cuántica.pdf.

Chopra, Simon. (2014). Las Siete leyes de la espiritualidad.
Recuperado de www.cuantona.com>libro>Las Siete leyes de la
espiritualidad. PDF

Dyer, W. (2010). Intención. Recuperado de
www.iberlibro.com/intencion/Wayne-W-Dyer/ ISBN 10:
95886393232

Emoto, F. (2006). "El poder curativo del agua". Ediciones
Obelisco. Argentina.

Evolución. (2012). Ley de atracción. Recuperado de
evolucionconsciente.org/Ley de atracción.

(2015) Los 7 cuerpos. Recuperado de
www.evolucionconsciente.org/ los 7 cuerpos

(2015). Cómo los pensamientos se convierten en enfermedades.
Recuperado de http://evolucionconsciente.org/como-los-
pensamientos-se-convierten-en-enfermedades

(2015). 5 relaciones tóxicas que debemos evitar. Recuperado de
evolucionconsciente.org/ 5-relaciones-toxicas-que-debemos-
evitar

(2015). Consciencia. Recuperado de
evolucionconsciente.org/Consciencia Espiritual/Karma-no-
significa-venganza.

(2015). Conciencia emocional. Recuperado de evolucionconsciente.org/ Consciencia Emocional/ Bloqueos-afectivos-originados-en-la-infancia.

(2015). Afrontar la muerte. Recuperado de evolucionconsciente.org/ Consciencia/Afrontar-la-muerte

(2015). Bloqueos afectivos originados en la infancia. Recuperado de http://evolucionconsciente.org/bloqueos-afectivos-originados-en-la-infancia.

(2015). Relación entre fe y razón. Recuperado de https://es.m.wikipedia.or/evolucionconsciente/Relacion entre fe y razón

(2015). Los hábitos de las personas verdaderamente felices. Recuperado de evolucionconsciente.org/los-habitos-de-las-personas verdaderamente-felices.

Eckhart, T. (2007). "El Poder del Ahora". Editorial: Caia Ediciones. ISBN: 978-84-8445-206-5.

Fernández, V. (2016). Mente y emociones. Recuperado de www.webconsultas.com/mente-y-emociones/familia-y-pareja/como-afrontar-el-duelo-13514.

Física cuántica. (2016). Física cuántica. Recuperado de https://liberacionahora.wordpress.com/ física cuántica/ reconciliando ciencia y espiritualidad.

Frankl, V. (1991) El hombre en busca de sentido. Editorial Herder. Barcelona.

Grof, E. (2015). Psicología transpersonal. Recuperado de Google/Stanilav Grof/ Psicología transpersonal

Hay, L. (1992). "El poder está dentro de ti". Editorial Urano, S.A. Barcelona. ISBN: 84-7953-013-8

Hidroterapia (2013). Hidroterapia. Recuperado de
https://es.wikipedia.org/wiki/ hidroterapia.

Hospital Hopkins. (2014). Sobre el cáncer. Recuperado de
www.blogdefarmacia.com/sobre el cáncer/el hospital John
Hopkins.

Jara, P. (2012). "Adicción al Pensamiento: La sutil Dependencia
que a todos nos atrapa". Editorial: @BCEDARIO. ISBN:
9788499780115.

Jackson, A. (2014) Los diez secretos de la riqueza abundante.
Recuperado de Youtube / Los diez secretos de la Riqueza
Abundante/Audiolibro.

Kaku, M. (2014). Universos Paralelos. Recuperado de
www.librosmaravillosos.com/ Universos Paralelos
(2014). La revolución cuántica. Recuperado de Youtube "la
revolución Cuántica. Física cuántica documental.

Lao Tse. (2015). Conocimiento y Técnicas para despertar la
energía interior.
Recuperado de www.logiamediodia.com/ Lao Tse (siglo VI A.C.)
El Gran Libro del Tao "Conocimiento y Técnicas para despertar la
energía interior.

Lipton, B. (2016) "La bilogía de las creencias: La liberación del
poder de la consciencia, la materia y los milagros". Gaia
Ediciones. España. ISBN:9788484453291

Lu, A. (2012). Crecer como personas. Recuperado de
espiritualidad-almalu.blogspot.com/crecer-como-personas.html

Martínez, J. (2012). Aquí y ahora. Recuperado de
www.goodreads.com/book/show/18241487-aqui-y-ahora
(2012). El significado emocional de las enfermedades.
Recuperado de https://gestaltsinfronteras.com/ el significado
emocional de las enfermedades.

Mantras. (2015). Significado de los mantras. Recuperado de www.enbuenasmanos.com/Significado-de-los-mantras.

Mercola. (2015). Cómo hacer agua alcalina. Recuperado de barcelonaalternativa.es/Como hacer agua alcalina.

Merlo, V. (2007). Sri Aurobindo y lo Transpersonal" en Pawel Odyniec y Vicente Merlo, Sri Aurobindo: Experiencia Holística Transpersonal, Barcelona, Fundación Sri Aurobindo.

Molina, C. (2013). Emociones expresadas, Emociones superadas. Editorial ONIRO/ ISBN: 9788497547048

Namaste. (2012) Namáste qué significa. Recuperado de https://psicologiaymente.net/ mente/namaste que significa.

Narvaja, A. (2016). Aprende a vivir disfrutando. Recuperado de algoespecialpresente.blogspot.com/aprende-a-vivir-disfrutando.ht

Nordal, K. (2011). Duelo. Recuperado de www.apa.org/centrodeapoyo/duelo.aspx/ Artículo publicado en APA

Osho. (2006). Conciencia. Recuperado de https://shop.osho.com/es/Conciencia

(2009). "Aprender a Amar: Enamorarse Conscientemente y Relacionarse sin Miedos" Editorial: Grijalbo. ISBN: 13-9788499087528.

(2011). Inspiradores. Recuperado de www.formarselibros.com.ar/inspiradores/ Libro Naranja

(2016). Abre tu conciencia. Recuperado de blog.healthenergycoaching.com/Abre tú conciencia
 Pierre, J. & Malet, G.
(2015). La teoría del desdoblamiento. Recuperado de www.garnier-malet.com/ La teoría del desdoblamiento

Resonancia Schuman (2015). El salto cuántico dimensional. Recuperado de https://es-la.facebook.com/ El salto cuántico dimensional/ Resonancia Schuman.

Rincón del Tíbet. (2015). 10 frases budistas que invitan a reflexionar sobre la vida.
Recuperado de gooble/rincondeltibet.com/bloq/10 frases budistas que invitan a reflexionar sobre la vida.

Rivadulla, F. (2009). Sufrimiento emocional la asignatura pendiente. Recuperado de Fernandorivadulla.com/Sufrimiento-emocional-la-asignatura-pendiente.

Thais, A. (2010). Desapego clave de la felicidad. Recuperado de https://escuelatranspersonal.com/Desapego-clave-de-la-felicidad

Tolle, E. (2011). El poder del ahora. Recuperado de www.sonrisadecolores.com/2011/05/el-poder-del-ahora-Eckart-Tolle.

(2012). El poder del Ahora: Un camino hacia la realización espiritual. Editorial Penguin Random House Grupo

Valenzuela, I. (2015) En qué consiste la teoría del multiverso. Recuperado de www.batanga.com/ en que consiste la teoría del multiverso

Vibración. (2014). Principio de vibración. Recuperado de http://evolucionconsciente.org/ Principio de vibración.